高中语文教育教学的实践与反思

张丕友　主编

吉林教育出版社

图书在版编目（CIP）数据

高中语文教育教学的实践与反思 / 张丕友主编. —
长春：吉林教育出版社，2020.12
ISBN 978-7-5553-9239-2

Ⅰ. ①高… Ⅱ. ①张… Ⅲ. ①中学数学课—教学研究
—高中 Ⅳ. ①G633.602

中国版本图书馆CIP数据核字（2020）第250254号

高中语文教育教学的实践与反思 **张丕友 主编**

责任编辑 张 瑜 **装帧设计** 言之凿

出版 吉林教育出版社（长春市同志街1991号 邮编：130021）
发行 吉林教育出版社
印刷 北京政采印刷服务有限公司

开本 787毫米×1092毫米 1/16 **印张** 15 **字数** 270千字
版次 2022年6月第1版 **印次** 2022年6月第1次印刷
书号 ISBN 978-7-5553-9239-2
定价 45.00元

编 委 会

名师工作室个人简介

谢秀媚

河源市东源高级中学语文教研组组长，副高级教师，县学科带头人，拥有连续12年的高三教学经验，经常在《新课程语文报》、国家级刊物《群文天地》和《现代阅读》上发表文章。参加了由“新课程教学法的理论与实践研究”总课题组李齐为组长指导的中国教育学会“十一五”规划课题“激发学生思维的课堂教学方法研究”的研究。在“一师一优课”活动中课例《梦游天姥吟留别》获县级一等奖，多篇文章在县级比赛中荣获一等奖，多次获得优秀学生指导奖，在山区艺术学校积极努力推进课改工作，致力于山区艺术学校教学发展建设。

黄宝源

任职于河源市田家炳实验中学，中学语文一级教师。热爱教育事业，对工作认真负责，连续多年被学校评为“优秀班主任”“先进教师”。积极参加省、市级的课题研究。参与研究的课题有“高中作文三年序列化研究”“高中语言学科的朗读教学对学生人文素养的影响及高中语言学科朗读教学的策略研究”“实现高中语文课堂阅读教学程序科学化的路径研究”。2015年参加市教育局举办的骨干教师跟岗培训。因高考成绩突出，2014年荣获市教育局授予的“河源市高考突出贡献奖”，2017年被市教育局评为“高中教学能手”，2018年被市教育局评为“市直优秀教师”。

叶丽燕

中学语文一级教师，从教16年，完成过初中语文、高中语文的大循环教学。语文教学中注重通过丰富多彩的语文活动调动学生学习的积极性，培养学生的创造性思维。工作以来，参与了国家级课题“高效课堂和有效教学模式研究”、县级课题“如何提高山区高中语文课堂教学的有效性”的研究并成功结题。多篇论文在河源市论文评比中获一等奖。2013年被评为“广东省普通高考优秀评卷员”，2015年国培计划示范性教师工作坊高端研修项目的学员，2015年广东省第三期省级骨干教师培养对象，2018年被评为“河源市优秀班主任”。

杨　勇

河源中学实验学校高中部教务处副主任，中学语文一级教师，具有13年高中语文教学经验和多年重点班班主任经验，湖北省中学生作文竞赛优秀指导教师，市级优秀语文教师、教学教研先进个人、优秀教育工作者，“一师一优课”荣获省级奖，获河源市青年教师教学能力大赛三等奖，广水市优质课竞赛一等奖，发表多篇论文，连年被学校评为优秀教师或优秀班主任，2018年广东省高考阅卷教师。

张　惠

河源市源城区东埔中学语文备课组组长，一级教师，源城区语文骨干教师，源城区教学能手。在河源市高中语文解题竞赛、源城区高中语文解题竞赛中多次获奖。课例《兰亭集序》获"一师一优课，一课一名师"省优课。发表论文两篇，多篇论文获省、市、区奖项。

廖秋霞

中学一级教师，现任紫金中学团委书记、高一年级组长，紫金县人才库骨干教师，曾被评为2016年紫金县年度教师，河源市优秀教师，河源市首批青年名师学堂优秀学员，现担任市级课题主持人；曾参与国家级课题"传统文化与语文教学之阅读与写作的协调发展"研究，被评为全国优秀实验教师，发表多篇论文；指导200多名学生作文获得叶圣陶杯、文心雕龙杯、语文报杯作文竞赛奖，被评为特级指导教师。

黄于古

中共党员，从事教育工作20年，现为河源市连平县忠信中学高中语文教师，中学一级教师，县优秀教师。一直倾心于教书育人，处处为人师表，工作勤恳踏实，乐于奉献,多次作为语文学科带头人被学校派往县、市进行课题骨干培训。教学中不断更新教育观念，勇于探索，大胆实验，在教学中形成了“严谨求实、生动形象、过程优化”的教学特色。“关心学生，潜心教学”是他作为一名教师的思想和行为准则。

陈一云

2004年毕业于韩山师范学院中文系，先后在龙川县田家炳中学和龙川县隆师中学任教，担任高中语文教师。在从教十几年的时间里，兢兢业业，默默无闻，一直奋战在教学的第一线，在教中努力学，在学中勤奋教，2011—2014年参加全国教育科学“十二五”规划教育部规划课题“‘少教多学’在中小学语文教学中的策略与方法研究”的研究；2014—2017年参加市级课题“高中语文‘阅读预期’训练”的研究。

黄惠红

河源中学语文教师，中学一级教师，河源市曾炳炎名师工作室成员，参与市级课题“利用网络信息资源进行语文专题性自主学习的研究”的研究，其中《利用网络资源开展语文读与写专题自主学习模式实践》一文发表于《教研周刊》（CN44-00882011）。2014年撰写论文《新材料作文的认识误区与命题启示》，发表于《考试指南报》，2013年撰写论文《新课程理念下优化语文作业设计的探讨》，获河源市教学论文评比三等奖。2013年被评为市优秀教师，2011年被评为广东现场作文比赛优秀指导老师。

赖青枚

中学语文一级教师，从教11年，担任学校语文学科科组长，并一直担任重点班级的教学及班主任工作，多次完成高中语文的大循环教学。2015年高考所带班级的学生李淑芳考取复旦大学，2018年高考所带班级的甘锦生考取清华大学。多篇教育教学论文在河源市论文评比中获奖。曾获紫金县“三八红旗手”荣誉称号，河源市“中小学主题班会设计大赛”一等奖，河源市第一届青年名师学堂培养对象，2014年被评为“广东省普通高考优秀评卷员”，2015年国培计划示范性教师工作坊高端研修项目的学员，2017—2018年广东省高中语文骨干教师能力提升高端研修项目学员，2015年和2018年均被评为“河源市优秀班主任”。

张逸龙

广东省张丕友名师工作室助手,河源市共青团导师团成员，河源高级中学团委副书记，2012年河源市文科高考语文单科状元。近三年来，主持开展一个市级课题《跨媒介阅读与交流视域下的中学语文课堂教学研究》，参与一个市级课题《基于核心素养的高中语文教学实践》。近三年来，荣获2018年河源高级中学青年班主任能力大赛二等奖；2019年河源市红色家书朗诵比赛特等奖指导老师；2019年河源高级中学四星级教师；2019年省团委认定省优秀共青团干部；2020年河源高级中学三星级教师。执教了河源市市级公开课《玉堂春》一次，紫金县、东源县县级团课讲座两次。

温珊珊

省级张丕友名师工作室助手，参与1项省级课题、3项市级课题。曾获广东省教育软件评审活动高中组课例二等奖，广东省青年教师教学能力大赛三等奖，河源市青年教师教学能力大赛高中语文第一名、市直选拔赛第一名，河源市教育教学论文一等奖、德育论文二等奖，课例《孔雀东南飞》曾获“市级优课”；曾获校五星级教师、五星级班主任，获解题能力大赛、基本功大赛、“五个‘一’”工程、班主任专业能力大赛第一名。

序言

张丕友老师从1982年从事教师这个行业，到如今已在语文教学这个行业耕耘了30多年。先后担任高中班主任工作34年，担任数届高三毕业班语文课的教学工作。2003年他接受河源市人才中心的邀请，作为湖北外地人才调入河源中学任教。既教书，又育人，无怨无悔，默默奉献，他始终保持着积极的工作状态。

30多年来，他坚持党的基本路线，认真贯彻执行党的教育方针；忠诚和热爱人民教育事业，学习践行社会主义核心价值观，努力做习近平同志要求的“有理想信念、有道德情操、有扎实学识、有仁爱之心”的四有好老师，努力做学生锤炼品格的引路人、做学生学习知识的引路人、做学生创新思维的引路人、做学生奉献祖国的引路人。

30多年来，他教书育人，为人师表，模范履行教师职责，具有高尚的职业道德和奉献精神，以严谨细致的工作作风、认真负责的工作态度、开拓进取的精神，在教育、教学、教研和培养中青年教师等方面都取得了显著成绩，为河源市的教育教学事业做出了很大的贡献。2005年被评为“河源市优秀班主任”，2009年被广东省教育厅评为南粤优秀教师；2010年被评为广东省中学语文特级教师；2016年被河源市教育局评为高中语文学科首席教师；2018年被选为广东省名师工作室主持人。2005届、2008届、2009届、2010届、2011届、2013届、2016届、2019届所教班组高考成绩突出，8届高三他带出了6名河源市文、理科状元，为河源市教育教学事业的发展做出了自己应有的贡献。

2016年8月，河源市政府创办了一所市优质高中——河源高级中学，目的是要让河源市民子弟能有更多的优质高中学位，也是为了与河源中学竞争，带动全市教育开创新局面从而改变河源市教育落后的面貌。河源市教育局动员他到这所全新的学校工作，他也接受了这份富有挑战性的拓荒牛的工作。

河源高级中学第一届生源不太好，最好的学生中考成绩只是排在全市第102名，中考成绩100到500名的只有4人，所招到的学生基本上是河源中学的线下生（只有52人达到了河源中学录取分数线）。但是，经过3年的艰苦奋斗、努力拼搏，2019年6月河源高级中学第一届学生参加高考，740多人参加考试，有230多人超过高优线，有690多人超过本科线。张丕友老师所带的班全部超过高优线，其中吴成芳同学文科652分，排在广东省第29名，成为河源市唯一的一名广东高考高分屏蔽生，顺利考入北京大学！

把河源市中考第102名的学生培养成为广东省高考文科第29名的考生，这本身就创造了教育神话，轰动了整个河源市。

回顾走过的路，他感受颇多，但又不便多说。想来想去，他只吐露了心中部分感想……

张丕友老师是我的老师。他的言行举止一直影响着我！

张逸龙

目录

上篇 名师张丕友教育历程反思录

下篇 名师工作室学员评教案

上篇

名师张丕友教育历程反思录

不惧怕任何难题，不惧怕任何对手

走夜路，是大家都不愿意的，因为在黑暗的环境中，充满了太多的未知领域，光线不明，前方到底有没有阻挡和妨碍自己前进的因素出现；有没有想加害于自己的野生动物；有没有匪徒打劫；有没有想置自己于死地的敌人埋伏在自己前方的路旁……这些因素存在一个，都有可能造成自己夜路走不下去。

我走过一次夜路，印象非常深刻。那是一个冬天的夜晚，月色朦胧，西北风刮得松树林呼呼作响，因为家里有老人生病了，在外面读书的我当晚必须赶回去看看老人，而路途中必须穿越那片松树林。有人说这里从前是抗日战场，中国兵和日本鬼子在这里打了半个月，双方都战死了不少人，土层下面到处是枯骨。中华人民共和国成立后这片林子改造成了林场，不少人经过林子都遇到了鬼。我本来就胆小，好在有月亮做伴，绷紧的心稍稍舒缓了些。走出学校，沿着一条山路急急地穿过一小片灌木丛，走下一片山坡，来到谷底，这里有一条小河，水面上泛起碎银子似的一层层晃荡的波光。悬在西边夜空中的月亮，把霜一样的银灰色涂抹在了无边的松树梢上。树梢摇摇晃晃，林子里各种树木推搡挤擦的声音比比皆是。就在急匆匆穿越这片下坡路的时候，我朦朦胧胧地看到前方有一个白色的影子正伏在那谷底的前方小桥上。我吓得立马停了下来……我一退，它就一进；我不动，它也不动……我们就这样彼此僵持着，这时时间仿佛都静止了，耳边一片混沌杂乱的声音，头皮发麻，头发都竖了起来，人仿佛要漂浮到空中而不能自主……

不多久，它居然爬了起来，飘来晃去，一会儿变大，一会儿变小，一会儿前进，一会儿后退……当时我的毛孔都张大了，脑袋嗡嗡地发热，惊恐万分，以为真的遇到鬼了。可是就在这进退两难的时候，人反而逐渐平静了下来：退，我晚上根本就走不到家，只会在这林子里瞎折腾，这里前不着村，后不着店，没有任何依靠；后退、乱跑，可能更危险。前方究竟是什么，遇到这种拦路的东西，要不要大胆地上前去探险，能不能闯过去？敢不敢跟这样所谓的鬼面对面地进行碰撞。我们也时常听到大人说，碰到鬼，你越怕它，它就越欺负你，如果你勇敢地迎上去，鬼就怕你。大人又告诉我：遇到拦路虎，你只有比它更厉害，要么打死它，要么把它赶跑，否则它总是拦住你的去路，让你在这条道上永远过不去。这样想着，我就壮着胆子，顺手从地上捡起一根粗木棍，勇敢地迎上前去，一路将脚步跺得震天响，压过了周围林子的声音。大地似乎也感受到我脚步的振动，那团白东西居然被振得不动了。我壮着胆子走到跟前一看，原来发现趴在桥上的是一块白色塑料布，这块塑料布挂在桥头一簇荆棘之上，被山风一吹，一会儿变大，一会儿变小，一会儿前进，一会儿又后退，的确就像传说中的鬼影一样……

这件事让我明白，世上很多事情在真相没有弄明白之前，的确容易被假象欺骗。只要不惧怕，勇敢探究，我们就不难发现事情的真相。我们经常为假象所欺骗，我们做班主任工作或从事语文教学工作的过程中就存在很多假象。我们要透过假象看真相，这就需要我们有勇气去拨开迷雾，勇敢地去与这些“妖魔鬼怪”做斗争。我们大胆地走出探“鬼”、斗“鬼”并胜“鬼”这一步，“鬼”才能退去，人生中所遇到的困难也就会被我们战胜了。

2015年8月，河源中学给我的任务是带文科创新班，在2016年高考中夺得全市状元并努力争取有人考上北大。虽说当时河源中学的生源是全市最好的，中考成绩前100名的学生也有一些，但选择文科的学生数学不太优秀。更不利的是，当时与我搭班的数学教师是省里百千万名师培养对象，高三这一年，他因为外出学习、参观、送教，大概要耽误一两个月的时间。数学本来就是学生的短板，一旦误课，数学成绩上不去，后果不堪设想。困难这么大，怎么办呢？怎么做才能不让数学拖后腿呢？必须克服这一难题，于是我找学校要老师，可是学生不接受。于是我找学生想办法，学生告诉我：老师，不用着急，数学老师不在的时候，我们可以自学啊！再说，即使遇到困难，班上有不少同学可以互相教啊！这一说法有道理，至少学生对自己还是充满了信心。于是在数学教师外出的时候，我让班上的数学科代表组织全班学生学习数学。学生居然出奇地投入，后来在各种测试中数学成绩丝毫不落下风。在2016年高考中，班上的一名女同学黄茹蓉数学成绩135分，总分进入全省第33名，成为河源市当年的文科状元，顺利被北京大学录取，成为河源中学建校100多年来首位考上北大的文科生。

2016年8月，市教育局将我从河源中学动员到河源高级中学任教。河源高级中学是一所全新的学校，是市直属重点高中。市政府给学校定位为：与河源中学竞争，要通过竞争，带动全市教育工作开创良好的新局面。说起来容易，做起来难啊！巧妇难为无米之炊啊！教育局不分配优质生源给我们，优质生源我们又招不来，好的都到河源中学去了，家长只认所谓的“百年老校”，根本不接受这所新办的学校啊！我们到下面县区招生，政府给200个指标，结果是河源中学把中考优秀生源招满之后，才轮到我们招生，当年招到最好的生源是中考成绩全市第102名的吴成芳同学，100名至500名的只招到4人，共招到747人，其中只有52人的中考成绩在河源中学录取线之上，其余都是河源中学的线下生。学校给我们的目标是：三年后即2019年高考要有人进入全市前10名。这是多么大的困难啊，我觉得比登天还难。可是学校又偏偏把这个任务交给我来完成，还安排55岁的我任班主任，带实验班，困难可想而知。面对这个不可能完成的任务，我只能毫无办法地接受了。学校要考验我这个省级名师、“状元之师”是真货还是水货，就要让事实说话啊！我无话可说，没有任何退路，没有任何借口，只有硬着头皮往前冲了！冷静下来之后，我决定着眼于三年备考：第一年打基础，将学生在初中没有学好的科目夯实根基；第二年寻找学科规律，稳步推进，努力赶上河源中学；第三年实现突破，实现超越。我首先做好学生的思想工作，要求学生不惧怕任何对手，学生们是代表全市人民的期望来读书的，因为无数的家长引颈而望，希望为他们提供更多的高中优质学位，学生是承载着市政府的厚望，为改变家乡落后的教育面貌、为维护这一正义事业而来到这里读书的。再大的困难也没有当年的红军难啊！再强大的敌人也没有抗美援朝遇到的“联合国军”那么强大啊！红军不是由弱变强了吗？他们打败了800万反动军队。志愿军不是也打败了不可一世的“联合国军”了吗？

高一的时候，无论是上班会课还是上语文课，每节课的前10分钟我都在给学生做这方面的思想工作。思想工作是灵魂，不解决学生的畏难情绪，一切工作都显得苍白无力，人就像是掉了魂一样，学习就缺少强大的内驱力。通过我的思想工作，学生渐渐接受了我的观点，对学习开始感兴趣了，每天早起晚睡，比河源中学的学生学习劲头还足。于是我乘胜追击，要求学生练好字、多读时事评论、攻克数学难关……我发出的每一个倡议学生都心悦诚服，乐意接受，学习任务完成得漂漂亮亮。到了高三，我们让学生第一学期争取有人进入全市前20名，后来在全市统考中我们学校的学生做到了，有人获得了第19名。第二学期，我进一步动员，现在有人冲进前10名了，说明学生们已经有实力问鼎“高考状元”了。后来倒计时100天、倒计时50天、倒计时30天、倒计时20天、倒计时10天，我不断地让学生宣誓、重温高考誓词。高考前一天，我又叮嘱学生高考考场什么情况都可能发生，每个人要有几套预案，才不会被突发的困难所吓倒。2019年6月24日，高考放榜：我所带的卓越班文科生吴成芳同学居然考进了全广东省文科前50名，成为河源市唯一的一位高考高分屏蔽生，轰动了全河源市。因为在人们看来，整个广东省有6个地级市没有出现高分屏蔽生，河源这个教育落后的地区怎么会出现高分屏蔽生呢？事后我们查到：吴成芳高考文科全省第29名，总分652分。她顺利地成了河源市2019年高考文科状元。学生们不但有人进入前10名，居然还拿了个第一名，这是很多人都没有想到的。

不惧怕任何对手，不惧怕任何困难，我们可以把看起来不可能完成的事情做成功！

要有远大的目标并坚定地实施

小时候，我曾是个放牛娃。我记得，大人把牛交给我，至于怎么放，他是不管的，他只告诉我们尽量让牛吃饱，牛回来能干活就行了。所以那个时候，我们可以自由地发挥，到什么地方放牛，都不受任何人限制。起初，我们只敢在家门口的田埂上、小路上、小土丘上放牛，不敢走远，生怕自己的牛跑了，也怕自己迷失方向。后来随着见识的增长，我们发现家门口前方三里地以外的地方有一座小山，每天早上太阳从那座山的凹部升起。我们于是就想：何不把牛赶到那座山上去看一下，看看山那边是怎样的呢?

后来我们在几个大一点的孩子的带领下，几个人结伴而行，十几头牛一起被牵到了那座山上。牛自由地在山上啃着青草，我们也自由自在地在山上喊。玩累了，我们一行人爬上大概两三百米高的山顶，站在这里放眼远望：原来山外的世界那么大，远处的地方，大概十公里之外，又有一道很长很高的山脉横亘在我们的前方。于是我们又在想：等到有一天我们再把牛赶到那座大山顶上去吃草，看看山那边又是怎样的世界。

后来大概上初中的时候，一次暑假，我们又是十几个人组织起来一起放牛，将牛赶到那座先前看到的山上。这座山比较高，相对高度大概有五六百米。我们带了干粮，还带上了钢钎，因为听人说那山上一些石缝里面生长着很多的中药材，如丹参、党参之类的药材，我们可以在山上边放牛边观景，还可以挖一些中药材去卖，改善一下家里的生活。我们爬到山顶，往远处一看，哇！好壮观的一条水带子，像白绸带子一样长长的，弯弯的，太阳光反射在上面，蜿蜒曲折，如一条金光闪闪的龙匍匐在天边，一直延伸到无尽的远方……大一点孩子告诉我们：那就是长江。于是我们就幻想，我们要好好读书，将来走出我们的家乡，坐上长江上航行的轮船，到祖国各个地方去看一看。将来随着学识的增长，我们会到更大的学校去读书，然后会到更大、更远的城市去工作。天地那么大，我们为什么不去走一遭呢?

这个事情对我启发很大：教育就跟我们小时候放牛的这些事儿一样，天地是非常大的，我们需要一步一步往高处、远处探寻，一步步攀越教育的高峰，一步一步探寻教育教学的规律，才能一步一步走向更高更远的地方，我们才会把教育教学工作引向更加高远的境地。

对于我们所教的学生，一定要教育他们积极向上，充满正能量，让他们树立远大的人生目标并坚定地实现目标。目标小了，动力就不足，因为它太容易实现；目标又不能太空太大，因为它脱离实际。目标要定在我们的能力范围内，可以通过一定的努力实现的，这才是最好的。

2016年9月1日，吴成芳同学来到河源高级中学读高一的时候，她的中考成绩排在全市第102名。这样的成绩不算太优秀，但是也能说明她有着较好的学习基础。只要定好符合她实际的目标，定能实现。我们帮她分析了一下：如果选理科，她可能没有什么优势，因为成绩靠前的学生多半选择了读理科，再加上数学没有优势，读理科势必斗不过那些强手；而选文科，只要奋斗三年，把薄弱学科做大做强，就可能脱颖而出，实现超越。吴成芳在老师的启发下认识到自己应该扬长避短，发挥文科的优势，对考上北大充满了信心。于是在高一下学期分班的时候，她就坚定了目标：北大等我，不见不散！正是有了这样远大的目标，再加上她的勤劳用心，在高三之前就基本补齐了学科上的短板，在高三总复习时她又经常向老师和班上的数学尖子生虚心请教，成绩稳定在文科第一名。后来在2019年6月高考时大放异彩，总分652分，排在广东省文科第29名，顺利地考上了北大。

从一个地级市中考成绩的102名到高考的全省文科第29名，她要战胜30多万考生，这在常人看来是不可能做到的。可是吴成芳做到了，这得益于她对目标坚定不移地追求，得益于她超强的自信心和顽强的毅力。

目标远大又切合实际，勤能补拙又动用智慧，巧妙地借用一切可以利用的力量为我所用，调动一切积极因素为实现目标不懈奋斗，才能实现当初制定的目标。

将教育思想转化为学生的自觉行为

广东第二师范学院中文系黄淑琴教授从新加坡回来说，新加坡的教授讲课追求的是让学生在课堂上感到听不懂，让学生对知识不完全明白。一堂好课，好就好在要把学生弄糊涂，然后让学生自己去感悟，自己去探寻琢磨，自己去弄明白，慢慢就会感悟学科的深奥道理。这样教师仅仅起到对一门学科提问、发问的作用，真正要弄懂学科知识、探寻学科的真理，还得靠学生自己。所以教师千万不要以为自己上课教得越多就越好，而应该把问题更多地交给学生，要把自己的想法努力转化为让学生自己去探寻去感悟的内驱力。

我听过许多刚入职的教师上的语文课，总感觉他们是在抄袭备课资料，在课堂上又把备课资料放电影一样复述一遍。一堂课介绍教学目的、教学重难点、作者及写作背景，然后又照本宣科地解读讲解课文。一堂课完全成了教师个人的表演，“满堂灌”，学生却一直是在被动接受。上课时间进行到一半的时候，不少学生已经是疲惫不堪，思想走神，游离于课堂之外；有的干脆睡觉了。一位教师在教学中如果没有自己独立的教育教学思想，完全被教学资料或是教学幻灯片牵着鼻子走，一点也不顾及教学对象，一点也不调动教学对象的参与兴趣，连自己要完成哪些教学任务都不清楚，这样的课堂还谈得上有什么效果呢？

语文课堂低效的原因如下：目标设置随意，没有起到导向作用，学生主体作用不突出，设计的问题都是抄袭来的，不能带动学生参与课堂探疑，对学生的思维引导作用不强，不注重实施差异教学，教师不能因材施教，教学功利性太强，对新课改认识不深；学生合作不主动，参与度不均衡，合作不充分，角色分工不均；教师角色转换不到位；教师评价不全面；等等。

我听过深圳胡立根老师的课，他在课堂上注意对临时问题的生成和挖掘，学生发现问题、探究问题的积极性得以调动；他注意思辨性教学，不盲从别人的观点。

我经过几十年的教学探索，发现课堂要交给学生才对。教师只是主导方向，学生才是推动课堂教学的主力军。我的语文课堂，我一般交给学生自己读，自己感悟发问，然后我收集问题，看学生中有没有人能够解答这些问题。能解答的，我一般交给他们自己解决；那些学生实在解决不了的问题，我才出面解答。每堂课都是在解决问题中度过的，学生从不感到疲倦。

例如，在学习《兼爱》和《子圉见孔子于商太宰》时，我让学生自己利用一切资料自学，然后把遇到的困惑提出来，大家商量着解决。没想到，学生竟然提出了不少让我在备课中都想不到的问题：①《子圉见孔子于商太宰》中不同的小故事之间有什么联系，它们都共同表达了什么意思？这与韩非子的法治思想有联系吗？②“十人树杨”的故事是什么意思？③《兼爱》中第4段中墨子反复说“苟君悦之，则士众能为之”，想表达什么意思？《兼爱》中“兼爱”的思想与儒家思想是否一致呢？④既然“兼爱”有那么多好处，为什么国君和士都难以做到呢？⑤《子圉见孔子于商太宰》中讲杨朱之弟杨布的故事是想说明什么道理呢？⑥“边候释子胥”的故事蕴含了怎样的人性弱点？⑦如何区分“兼爱”与“仁爱”？⑧《子圉见孔子于商太宰》中韩非子向人们表明了决定人们取舍的往往是对私利的算计的道理，在当今社会中我们该如何净化人们的内心，使人们能够看得更长远一些呢？⑨《子圉见孔子于商太宰》中讲打鱼的人手握黄鳝、养蚕的妇女用手拾蚕，是因为他们知道那是黄鳝而不是蛇，是蚕而不是毛毛虫，因此我认为不能得出“利之所在，皆为贲、诸”的结论。

这些问题，我首先不急于回答，我试着让班里的学生互相解答。最后只剩下“‘十人树杨’的故事是什么意思？”这一个问题，我提醒学生注意搞好周围的人际关系，只有把周围的环境优化了，事业方可有所成就——“树”才能“种活”。这样的课堂基本上以学生为主，他们自己发现问题，再通过思考相互答疑，比教师单纯灌输好得多，课堂上基本上无人开小差，教学效果自不必说。

大道至简，引导学生向文本深处漫溯

我曾经喜欢上了奇石，那个时候跟着石友一块到大山沟里去寻找各种奇石，看到那些花纹美的、石质好的、形状漂亮的石头，都恨不得全部搬回家中。记得有一次，我在一个河滩上看到很多靓丽的石头，马上捡入麻袋里，一袋袋地往家拖。后来才发现，世界那么大，石头那么多，其实真正具有价值的奇石实在是太少。有一次，我们到一个大山里面去，沿着一条小溪一直往山顶爬的时候，发现山沟两边的岩石全部都是火山熔岩流出来的石英石，一眼看过去就感觉两边的山都是玉石简直就是一座玉山，特别让人震撼！大千世界，奇石太多，弱水三千，还是取一瓢饮。从此我明白了：捡石头，一定要取精品，不能见到什么好看的都拿回家。最后是耗掉了体力和时间，还要往外面扔，得不偿失。这就是“大道至简”的道理。

语文教学更要懂得“大道至简”的道理，教师不要以为将自己知道的知识都全部灌输给学生才是最好的方法（总是担心自己所教的东西还不够，恨不得把自己所知道的全部灌输给学生）。其实这样做，学生学得累，教师也教得辛苦。最后，可能是让学生什么也得不到，因为教师做得太过了：你把什么东西都灌给学生，突出不了重点，一堂课一般只有40分钟，40分钟里面能解决多少问题呢？所以我们一堂课，能突出解决一两个主要问题，就是成功的。教学重在师生之间进行沟通。师生之间有了对话，有了交流，思想就有了碰撞，学生就会从中得到感悟。教师不一定什么都要讲透，有时候只需要引出问题，让学生自己去感悟，这样的做法可能会让学生感悟得更深。大道至简，课堂才会简约、精到。

讲《祝福》这一课，有的教师在一节课里既想分析情节结构，又想分析人物形象，还想分析作品的语言特色……教学任务繁多，结果往往是一个问题也没有弄透彻。

而如果换一种解决问题的思路，效果就不一样了：对人物形象的分析，可以专门安排一节课，重点分析祥林嫂的人物形象，揭示人物悲剧命运的社会根源；还要分析卫老婆子、鲁四老爷、四婶、柳妈以及看客等次要人物的形象，说说他们与主要人物之间的关系以及这样写的用意。第二节课可以集中解决情节结构安排的作用；第三节课可以安排分析作品语言的作用。这样做，有利于集中解决问题，起到各个击破的作用。学生都会集中注意力探究某一主要问题，问题往往会越挖越深，学生的印象也会越来越深刻。

比如古代诗文阅读，高一和高二期间要深入文本的研究，不要急于在一节课内完成多少篇阅读，而应该沉下心来，逐字逐句地弄懂原作的意思，在此基础上才能根据作者生活的时代背景、写作背景深挖作品的价值，真正引导学生走入文本，与作者一同去感受生活、感悟道理；然后走出文本，站在新时代的角度进行批判性阅读，真正做到与文本对话。这样引导学生阅读古诗文，具体而深刻，学生就能真正做到弄懂、弄透。而到了高三，就要分类集中阅读了，每节课可以解决同一类型的多篇作品，如古代诗词，可以从思想内容的角度按照送别、山水田园、咏物、咏史、思乡、闺怨、边塞、即事感怀、写景抒情等分门别类阅读，学生条理清晰，自我反思总结，就不难发现每一类诗词的思想内容和表达技巧上的一些鲜明特点了，快速、高效地解决问题。这样，何乐而不为呢？

循序渐进，练就好作文非一日之功

我曾经到一条河沟里捡石头，寻觅好久，终于发现有一块很亮的石头，当时就到水塘边拿铁钎在那里撬，然后，情不自禁用两只手扣住，抓住石头就拼命地往下掰，可是由于石头上有青苔，非常湿滑，用力过猛，双手滑落，人重重地摔在后面的水潭里。事后想一想，非常后怕：如果身后不是水潭，如果是一块巨大的石头，那我的后脑就会撞在石头上，人可能不是死就是伤。俗话说得非常好："心急吃不得热豆腐。"所以，我们的语文课堂想解决问题也不能心急，做什么都不要太心急，考试也不能太急。任何事情都是有规律可循的，慢工出细活；快，只会更粗糙，有时候甚至把事情办坏，弄得更糟糕。例如，教学生写作文就要按照写作的规律来进行，当然不能认为几节课就能解决学生写作的问题。

罗马不是一天建成的。首先，教师要给学生讲清楚阅读对写作的影响，只有广泛深入地阅读古今中外的优秀文学作品，学生才能感知语言反映社会生活的功能，才能更好地理解阅读是写作的基础这个道理。当然要阅读那么多作品，是要花很多时间的，最好从小学三年级就开始养成阅读的好习惯，并且将这种阅读习惯一辈子保持下去。

其次，就是要让学生学会观察社会生活，自己观察感受也行，从时事新闻中去感受也行，自己长期坚持写日记或周记。有了生活阅历的积累，写作才有了第一手材料，写出来的东西，也就与生活一致，不会出现失真的现象。

再次，就是要在教师的指导下，学会文章的立意、选材、结构思路的安排以及语言的表达艺术，最后才能逐步形成一个人的写作风格。

写作的过程是漫长的，收集整理材料都要经过很长时间。曹雪芹写作《红楼梦》花了十年时间，司马迁写作《史记》、李时珍写《本草纲目》花了几十年的时间。

教师指导学生写作也是一个系统工程，要花几个星期专门训练文章的立意技巧；要用几个星期的时间指导学生安排文章结构；要用几个星期的时间教会学生语言表达技巧、人称表达及其作用，让学生学会修辞、学会逻辑技巧……然后，要引导学生按照各种文体技巧训练，写作才能初步学会。

最后，要让学生根据自己的观察和体会，随心所欲地写作。这样，写作才逐步变为学生自己主动的作文，写出来的文章也才是独到的，往往能给人以启迪和感悟，帮助他人提高思想认识。

不要被“好课”假象迷惑，要探寻真理

康熙为什么要微服私访？因为公开皇帝行程，下面的官员早就有准备了，康熙就不可能了解基层的真实情况，而只有通过微服私访，把自己化装为一个普通百姓，下面的各级官员才不会提前准备汇报材料，康熙的所闻所见才更真实。现在我们的语文教学活动很多，公开课、示范课、调研课、比赛课、同构异课课，诸如此类，五花八门。这些课功利性强，很多是提前做足了准备的，让听课者很难了解真实的课堂，往往让听课者感到这些教师上课能够做到课堂教学内容的转换和课堂整体结构安排得天衣无缝，学生的课堂表现十全十美。其实，因为这样的课堂是提前准备好了的，所以这些都不是真实的语文课堂。真实的语文课堂，应该是随时可以让人听，随时被别人推门听，这样才能真正了解教师的上课情况、学生的学习情况以及师生交流沟通的情况，这个时候见到的课堂才是真实的课堂。

我曾经听一位教师上一堂公开课，讲的是苏轼的词《定风波·莫听穿林打叶声》这一课，这位教师引导学生在一节课里先疏通这首词的思想内容，接着横向延伸，让学生读懂《赤壁赋》《方山子传》，最后让学生抓住“竹杖芒鞋轻胜马，谁怕？一蓑烟雨任平生”和“归去，也无风雨也无晴”这几句话，感悟苏轼文学作品中的儒佛道思想。一节40分钟的语文课，教师让学生解决的问题那么多，对问题的解决居然还那么娴熟，学生回答问题也让人感觉到是入情入理。

听后，我一脸茫然：这是真实的语文课堂吗？更严重的是，这样的课还教会了学生如何学会欺骗，这严重违背了教书育人“立德树人”的宗旨，与师德相背离。

所以，我们现在去听什么公开课，常感到大都是教师提前导演好了的。教师提前安排学生解决什么问题，分好了小组，预设了问题，学生也提前将问题已经解决好了，只需要到课堂一一展现出来即可。这种现象就是教学上的“皇帝的新装”，表面上被渲染得“新装多么好看”；裸体的皇帝自己也被弄得云里雾里，找不到真实的自己；观众也在看一场荒诞的表演。

好的课堂，问题应该是随着对文本的解读不断地生成的，这些问题不可能是提前预设得了的。教师只有苦练扎实的基本功，广泛接受各种批判信息，才能驾驭课堂上不断出现的新问题，这样的课堂才是真实的课堂。

“不畏浮云遮望眼，只缘身在最高层。”教师一定要有自己的思维和判断，不要人云亦云、照本宣科；也不要因循守旧、一成不变，几十年一本教案教到底，“脚踩西瓜皮，滑到哪里算哪里”，这是对学生极不负责的表现；更不能为了表现自己的才华，表演提前导演好了的课，这样只能是掩耳盗铃、自欺欺人。

语文阅读要立足词句，重视个性化解读

阅读文本一定要立足于文章的字词句篇，阅读中要结合自己的生活阅历，有自己独到的发现和思考，从而揣摩出作者写作潜在的真实意图。

例如阅读赵长天的小说《天罨》：

风，像浪一样，梗着头向钢架房冲撞。钢架房，便发疟疾般地一阵阵战栗、摇晃，像是随时都要散架。

渴！难忍难挨的渴，使人的思想退化得十分简单、十分原始。欲望，分解成最简单的元素：水！只要有一杯水，哪怕半杯，不，一口也好哇！

空气失去了气体的性质，像液体，厚重而凝滞。粉尘，被风化成的极细极小的砂粒，从昏天黑地的旷野钻入小屋，在人的五脏六腑间自由遨游。它无情地和人体争夺着仅有的一点水分。

他躺着，喉头有梗阻感，他怀疑粉尘已经在食道结成硬块。会不会引起别的疾病，比如矽肺？但他懒得想下去。疾病的威胁，似乎已退得十分遥远。

他闭上眼，调整头部姿势，让左耳朵不受任何阻碍，他左耳听力比右耳强。

风声，丝毫没有减弱的趋势。

他仍然充满希望地倾听。

基地首长一定牵挂着这支小试验队，但无能为力。远隔一百公里，运水车不能出动，直升机无法起飞，在狂虐的大自然面前，人暂时还只能居于屈从的地位。

他不想再费劲去听了。目前最明智的，也许就是进入半昏迷状态，减少消耗，最大限度地保存体力。

于是，这间屋子，便沉入无生命状态……

忽然，处于混沌状态的他，像被雷电击中，浑身一震。一种声音！他转过头，他相信左耳的听觉，没错，滤去风声、沙声、钢架呻吟声、铁皮震颤声，还有一种虽然微弱，却执着，并带节奏的敲击声。

“有人敲门！”他喊起来。

遭雷击了，都遭雷击了，一个个全从床上跳起，跌跌撞撞，竟全扑到门口。

真真切切，有人敲门。谁？当然不可能是运水车，运水车会揿喇叭。微弱的敲门声已经明白无误地告诉大家：不是来救他们的天神，而是需要他们援救的弱者。

人的生命力，也许是最尖端的科研项目，远比上天的导弹玄秘。如果破门而入的是一队救援大军，屋里这几个人准兴奋得瘫倒在地。而此刻，个个都象喝足了人参汤。

“桌子上有资料没有？当心被风卷出去！”

“门别开得太大！”

“找根棍子撑住！”

每个人都找到了合适的位置，摆好了下死力的姿势。

他朝后看看。“开啦！”撤掉顶门棍，他慢慢移动门闩。

门吱吱叫着，痛苦地撤离自己的岗位。当门闩终于脱离了销眼，那门，便呼地弹开来，紧接着，从门外滚进灰扑扑一团什么东西和打得脸生疼的砂砾石块，屋里刹时一片混乱，像回到神话中的史前状态。

“快，关门！”他喊，却喊不出声。但不用喊，谁都调动了每个细胞的力量。

门终于关上了。一伙人，都顺门板滑到地上，瘫成一堆稀泥。

谁也不作声，谁也不想动，直到桌上亮起一盏暗淡的马灯，大家才记起滚进来的那团灰扑扑的东西。

是个人。马灯就是这人点亮的。穿着毡袍，说着谁也听不懂的蒙古语，他知道别人听不懂，所以不多说，便动手解皮口袋。

西瓜！从皮口袋里滚出来，竟是大西瓜！绿生生，油津津，像是刚从藤上摘下，有一只还带着一片叶儿呢！

戈壁滩有好西瓜，西瓜能一直吃到冬天，还不稀罕。稀罕的是现在，当一口水都成了奢侈品的时候，谁还敢想西瓜！

蒙古族同胞利索地剖开西瓜，红红的汁水，顺着刀把滴滴答答淌，馋人极了！

应该是平生吃过的最甜最美的西瓜，但谁也说不出味来，谁都不知道，那几块西瓜是怎么落进肚子里去的。

至于送西瓜人是怎么冲破风沙，奇迹般地来到这里，最终也没弄清，因为谁也听不懂蒙古语。只好让它成为一个美好的秘密，永久地留在记忆里。（有删改）

阅读这篇小说，我们首先发现这篇小说题目《天嚣》本身就反映了环境的恶劣：老天在发怒、在宣泄。在这种恶劣的环境中人的表现又会怎么样呢？这篇小说对人物形象的写法也与众不同，小说写的是一个群体形象，没有写一个具体的人物形象。小说的环境描写也与众不同，描写自然环境主要是从人的感受写出人的反应，从侧面渲染环境的恶劣，如金属长架在大风中撼动、摇动的现象。描写那个蒙古族送瓜人的出现，也是显得很突兀，也没有从外貌、动作、语言等方面具体描写刻画人物，“他”是怎么来的？为什么要送瓜？“他”是主要人物还是次要人物？这些都是悬念，小说这样的情节安排也是与众不同的。一群科学研究考察队的队员是怎么来的？为什么出现在沙漠里面？蒙古族送瓜人又是怎么来的？他为什么要来送瓜？这些都给读者留下来许多悬念。科学考察队员本来是想等待别人的救援，可是突然听到敲门声，他们又想到去救危难中的别人。作者这样安排故事情节究竟有什么意图？

读者在阅读思考中就可以慢慢琢磨这背后隐含的作者的写作意图。为什么要写这样一个蒙古族的送瓜人呢？作品无非是想要告诉读者民族团结的重要性，一方面也体现出科学考察队员为祖国科技事业的无私奉献精神赢得了蒙古族同胞或其他民族的爱戴和敬重，从总体上体现了科学事业离不开人民支持的思想。

小说的结尾为什么说是一个谜呢？总之，对这篇小说的解读，如果从这些细节入手，大胆地结合读者自身阅历进行个性化寻觅，我们就能逐渐读出小说作者的写作意图：他无非是想赞美祖国一支科研队伍的奉献精神和民族团结带来的祖国科研事业的成长历程。

语文阅读要深入文本，多运用批判性思维

阅读契诃夫的小说《装在套子里的人》，可以借助批判性思维，打通小说阅读的另一个路径。我们可以通过复原，比较深入地掌握小说文本的阅读方法，引导学生通过比对原文版与删改版作品的聚焦探究，理解契诃夫作品的恒久价值，从而通过深度讨论，培养学生批判性思维。

这篇小说原版约为9000字，编入高中语文教材被压缩到4000字左右。这样常常造成学生前置性学习中的诸多困惑，如人物形象单薄符号化、情节演进不合生活常理等。而这些问题恰恰有损经典小说的艺术性。所以，如何在课堂上实现删减版与原版两个版本的比较阅读和思考，教师可以引导学生运用批判性思维做比较阅读。

阅读办法：对删减文本和原文本比较研究，深入多元探讨；对客观叙事者布尔金和伊凡内奇进行探讨；多元化的主题意蕴，为批判性阅读提供了有力的支撑。

《普通高中语文课程标准（2017年版）》特别提出对学生“逻辑思维”和“批判性思维”的训练和提升，这是教师进行教学设计的基本理论依据。《批判性思维带你走出思维的误区》一书中指出，质疑是批判性思维的起点，合理的质疑需要有论证作为支撑，有论证才能在阅读教学中避免片面的自我解读和误读，这是语文课教学设计的批判性思维阅读的依据。

提前布置学生预习，对比阅读删减版《装在套子里的人》和原版《套中人》，让学生写出自己的感受和质疑。再让学生广泛发表阅读感受，提出自己的异议：对照原版本与删减版本删减的内容，看看删减版到底丢失了什么，聚焦关键词“套中套”，从人物关系、叙事视角、环境内涵等角度深入探究，看看作者真正想要告诉读者什么。

运用批判性阅读的方法可以让我们还原事物的本来面目，指导学生在阅读中少犯一些主观主义的错误，从而尊重事实，按照事物的原本规律寻找出有益的答案。

有关这方面的阅读问题还要注意它的变化，变式阅读特别重要。比如，分析小说人物形象的时候，一般要从故事情节、典型环境和主题这几个方面去考虑。但是，仅仅这样做是不够的，有时候问题变了，比如丁玲写了一篇小说，叫作《一颗未出膛的枪弹》，里面有这样一道题：小说在塑造小红军的形象时是如何做到真实可信的？请结合作品简要分析。按照常规的答案，这道题也是从人物形象、故事情节、小说的主题及环境等方面去考虑的，但是这道题出现了一个变化，是在问“小红军”的形象，在刻画的时候如何做到真实可信。如果按照常规答案，仅仅从人物形象的写法，如语言描写、肖像描写、动作描写、心理描写等，这样去回答问题，就不准确了。那怎么办呢？关键要从文本本身去寻找答案点：是怎么做到“真实可信”的。我们看一下第一点，当时在西安事变发生之前，东北军到了陕西，中央红军通过长征，也到达了陕西。小红军就是在这样的一个历史背景中产生的一个人物形象。丁玲在塑造这个小红军的形象时，就是放在这个特殊的历史背景中来刻画的，因为有了这样一个历史环境，发生在这个大背景下的小红军的故事当然显得真实可信了。第二点，“小红军”的“小”体现了年龄方面带有小孩的特征、小孩的思维、小孩的言行，他的行为举止、神态，包括他的思想，都是按照小孩的身份展示出来的。同时，他又是红军，既然小孩参加了红军，那又有红军的纪律要求，所以他必须有红军的组织纪律性，他必须严密地封锁自己不该说的消息，他必须有组织原则，所以这一点又反映出红军的形象。丁玲刻画的这个小红军的形象就做到足够真实了。第三点，刻画这个人物形象的时候，作者安排了一个当地的，也就是陕西的一个孤老太婆的形象。孤老太婆很有陕西地方特色，这个地方的风土人情决定了这个人物的善良。她乐于助人，看到小红军孤苦落单了，她从一个母亲的角度，对这个孩子关怀备至。同时，她也看到了小红军的一些不扰民的行为，老百姓是敢于跟他接触的。所以孤老太婆这个形象的出现从一个侧面反映了小红军这个形象的真实可信。从故事情节方面来看，小红军是在一次敌机轰炸，部队被打乱的时候被大部队落下的，他一时又追不上部队。在兵荒马乱的时候，为了躲避飞机轰炸，小红军临时藏在一个小洞里，当轰炸之后，洞口又塌了，他要爬出来也没那么容易，所以最后就剩下他一人掉队了，所以他怎么叫喊，怎么狂奔，也找不到大部队。最后，好在遇到了这个孤老太婆……这样的故事情节的安排也都是真实可信的：如果没有飞机的轰炸，没有把洞口炸塌，那小红军也不会发生后面的故事。所以这样的故事情节的安排是真实的。

变式阅读，就是不能按照常规的套路阅读，实际上也是一种批判性思维阅读。题型变了，答案也要灵活应变。但是万变不离其宗：这道题问的是“小红军”的形象的真实性，当然我们回答问题依然要从特殊的历史背景、故事情节的推动，还有人物形象的正面描写、侧面衬托等方面去表现这个人物的真实性的。这就提醒我们：遇到特殊的问题，不要被文字的外在形式干扰，表面上看，好像“真实可信”这一块，我们总是找到人物形象的外貌、语言、动作、行为、心理等几个方面去考虑，而没有考虑到文本的实际方面，这样的思路就狭窄了，就没有按照文本阅读的基本规律来解读，答案必然也是狭窄的、不够全面的。

附：

一颗未出膛的枪弹

丁 玲

“娃娃，甭怕，咱是一个孤老太婆，还能害你？”老太婆亲热地望着面前张皇失措的孩子，“你是……嗯，咱知道。”这孩子大约十三岁大小，迟疑地望着老太婆。远处一望无际的原野，没有一个人影，连树影也找不到一点。

“还是跟咱回去吧，天黑了，你往哪儿走，万一落到别人手上……”

窑里黑魆魆的，他不敢动，听着她摸了进去。“不要怕，娃娃！”她把灯点着了。灶里的火光舔在他们脸上，锅里有热气喷出来。陕北的冬天，孤冷的月亮，那黯淡的光辉涂抹着无际的荒原，流落的孩子却拥抱着甜美的梦：他又回到队伍，继续当他的马夫，继续同司号兵玩着……

孩子跟在老太婆后面去割草。蒙着尘土的山路上，寻不到杂乱的马蹄和人脚的迹印。他热切地望着远方，他们——大部队到底走到离他多远了呢？他懊恼着自己。那天正在野外放马，突然飞机来了，他藏在一个小洞里，听着外面连绵不断的爆炸声。洞口塌了。等他好不容易爬了出来，就只剩他一人了。他大声地叫喊，凭着感觉一路狂奔，却没遇到一个认识的人……后来才遇着老太婆。

有人送来包谷做的馍，还有人送来羊毛袜子。有着红五星的帽子仍揣在怀里，他不敢拿出来。大家都高兴地盘问着："你这么一个娃娃，也当红军，你娘你老子知道么？"

天真的、热情的笑浮上了孩子的脸。他暂时忘去忧愁，重复着在小组会学来的话："红军是革命的军队，是为大多数工人农民谋利益的，要团结一切不愿做亡国奴的人去打日本……"

看见那些围着他的脸露出无限的羡慕，他就更高兴了。老太婆也扁着嘴笑："咱一眼就看出来这娃娃不是咱们这里的人，你们看他那张嘴多灵呀！"

有一夜，跟着狂乱的狗吠，院子里响起了庞杂的声音，马嘶声、脚步声和喊声一齐涌了进来。烧着火的孩子，心在剧烈地跳："难道自己人来了么？"

"砰！"窑门被枪托撞开了。冲进来的人一边骂一边走到灶边，"哼，锅里预备着老子的晚饭吧。"

孩子悄悄看了一眼，他认得那帽子的样子，那帽徽是不同的。他的心一下紧缩起来。

有人眼光扫到老太婆脸上。她瑟缩地坐在地下，掩护她身后的孩子。"这老死鬼干嘛老挨在那儿，藏着什么？"老婆子一动，露出了躲在那里的孩子。孩子被抓到跟前，一个兵打了他一耳光。

"老子有枪先崩了你！"孩子大声嚷叫，因为愤怒，倒一点也不惧怕了，眼睛里燃烧着火焰。

"什么地方来的！"拳头又落在他身上，"听口音，他不是这里人！"孩子一声不响，只是咬紧牙。门突然开了，门口直立着一个人，屋子里顿时安静下来。

"报告连长，有一个小奸细！"

连长走了进来，审视着孩子，默然坐到矮凳上。

"可怜咱就这一个孙子，咱要靠他送终的。"老太婆嚎哭起来。几个围观的老百姓壮着胆子附和："是她的孙子。"

连长凝视着那双直射过来的眼睛，下了一道命令："搜他！"

几十双眼睛都集中在连长手上：一把小洋刀、两张纸票子、一顶黑帽子。纸票反面有一排字，"中华苏维埃人民共和国国家银行"。帽子上闪着光辉的红色五星。看着它，孩子心里更加光亮了，静静地等待判决。

“这么小也做土匪！”

“招来吧！”连长问他。

“没有什么招的，任你们杀了吧，不过红军不是土匪，我们不骚扰老百姓，四处受人欢迎。我们对东北兵也是好的，争取你们一道打日本，有一天你们会明白过来的！”

“这小土匪真顽强，红军就是这么凶悍！”他的顽强虽说激怒了一些人，但也得了许多尊敬。连长仍是冷冷地看着他，又冷冷地问道：“你怕死不怕？”这问话似乎羞辱了他，他不耐烦地昂了一下头，急促地答道：“怕死不当红军！”

围拢来看的人一层一层地在增加，多少人在捏一把汗。连长不动声色，只淡淡地说道：“那么给你一颗枪弹吧！”

老太婆又嚎哭起来了。许多人的眼皮沉重地垂下了，有的便走开去。但没有人，就连那些凶狠的家伙也没有请示，要不要立刻执行。

“不，”孩子却镇静地说，“连长，还是留着那颗枪弹吧，留着去打日本，你可以用刀杀掉我。”

忍不住了的连长，跑过来用力拥抱着这孩子，他大声喊道：“大家的良心在哪里？日本人占了我们的家乡，杀了我们的父母妻子，我们不去报仇，却老在这里杀中国人。看这个小红军，我们配和他相比、配叫他土匪吗？谁还要杀他，先杀了我吧……”声音慢慢地由嘶哑而哽住了。

孩子觉得有热的东西滴落在他手上，衣襟上。他的眼也慢慢模糊了，隔着一层水雾，那红色的五星浮漾着，渐渐地高去，而他也被举起来了！

打造“实在”语文课堂，不忘语文核心素养

当下，不少人认为高中语文课堂效率普遍不高，主要存在下面一些现象：①台上教师激情满怀，豪情万丈，台下学生两眼呆滞，四顾茫然；学生学数学激情满怀，提语文两眼无光、全身筛糠……②教师无私传授，学生刻意休闲。③教师只管传授知识，忽视学生情感、状态等人文因素调动。

原因：①学生认为语文高考命题材料几乎全部取自课外，学了也不考；功利思想明显。②教师只注重让学生提高高考语文的分数；教师备课只注重备教材，而忽视备学情，忽视语文学科人文性的唤醒。

针对这些问题，笔者认为语文教师要有责任担当。语文教师要知晓语文是工具性与人文性的统一；教师要有传承优秀文化传统的使命感；要借助语言文字这种工具传播人类对自然、社会的认识，传播作家的人生体验。凡事预则立，不预则废。教师要有预先设置一些解决问题的预案意识。教师要有爱心、善心，要传播真善美；对人要有尊重、平等的意识。教师要有一种使命感：做实实在在的语文教学工作。在传播知识的同时，要树立以人为本，立德树人的信念，研究学生，重视语文工具性与人性美的统一。

新课标要求全面提高学生的语文素养，要求学生扩大知识面，要求课堂教学中师生互动等。语文素养是学生学好其他课程的基础，也是学生全面发展和终身发展的基础。教师是课程改革的实施者，更是参与者。作为一名高中语文教师，应如何确立新课标下的语文课堂新的质量观呢？作为新课改下的一名教师，应怎样更好地进行语文教学呢？

一、“实在”的语文课堂教学应多让学生参与，注重师生合作

1. 多让学生亲身体验

教学过程不再是教师个人能力的展现，更多地应让学生参与，让学生自我阅读、自我体验、合作探究、从中感悟，让他们在体验中获取新的知识。

2. 让学生确立大语文的课堂观

语文学习除了在课堂上学习语文知识外，还要在生活中学习语文，在社会中学习语文。平时要关注社会现实生活，如摘抄时事评论、写观察日记、记述传统文化生活的感受等。

3. 让学生真正动起来

语文教师应该多把课堂交给学生，多让学生发表自己的看法和想法。即使有偏离主题的时候，教师只要引导得当，师生可以教学相长，相得益彰。

二、好的语文课堂教学要坚持“以人为本”“立德树人”的教学观

（1）以人为本，树立终身学习观。课堂学习的好坏不是评价学习优劣的唯一标准，要确立开放的心态，要树立终身学习的意识，才能适应不断变化的社会。

（2）语文课堂不能只是单纯地传授知识，还必须传播进步的思想、优秀的品德，并将这些外化为自觉的行为。

例如讲授《鸿门宴》时，教师要让学生多多感悟刘邦霸业成功、项羽霸业失败的原因，通过学生自我感悟、合作探究，再加以总结：有领导力、善于合作、具有前瞻力，是一个人事业成功的关键要素。

又如讲授《廉颇与蔺相如列传》时，教师要让学生从中感悟到：有大局观念可以化解危局，自我反省是一个人进步的助推器。

教师要用好教材，将学生教活，致力于有益学生将来人生和事业的进步。

三、语文教师紧跟时代步伐是打造“实在”课堂的保障

教师要不断学习新知识，才能适应时代的发展，才能让学生更快地适应时代的发展。同时，教师要借助集体备课的力量，不断完善、丰富自己的课堂，

才能给学生开拓出更广阔的视野，语文课堂的价值才能不断扩大。

四、计划引领是提高语文课堂实效性的前提

远期：三年规划（高一打基础、高二抓平衡、高三求突破）。

中期：学年规划、学期规划（知识体系构建）。

近期：周计划、日计划（教法、学法、测试）。

知识体系的规划：文学作品（小说、散文、诗歌、戏剧）、论述文、实用文、基础知识及写作等，如何分步实施。

五、语文"实在"课堂要着眼于全局的设计，着眼于学生的发展

从教学目标到教学各个环节的落实，都离不开教师的精细设计和布局落实，其中每一个环节都必须立足于学生学情，着眼于学生未来的发展。

1. 目标清晰

一堂课教学目标要清楚：学生想得到什么，教师要围绕学生的学提供帮助。教师不要预设问题，问题要由学生在自学中生成、在合作中解疑；有的问题学生可以解决，学生解决不了，小组合作解决，小组解决不了教师才答疑。学生没有想到的问题教师可做些补充。

学生知道的，如字音、词语、作者、写作背景，都可以先交给学生解决，教师不讲；学生知道其中某部分的，教师少讲；学生不清楚的，教师要精讲。

2. 教学过程要有层次和梯度

要精心设计导入、课堂主干知识、课后练习。

（1）课前导入：兴趣的调动。借助歌词、图画、故事，唤醒学生的问题生成意识。

（2）课中主干知识：有任务驱动，问题有梯度——由浅入深，从感性到理性，唤醒学生的人文意识。

（3）课后练习：知识的巩固、认知的加深、知识的迁移，唤醒学生的使命意识。

课前：学生兴趣的调动——抓住学生的需要。有的喜欢书法，有的喜欢唱歌，有的喜欢篮球、有的喜欢演讲、有的喜欢写作……教师抓住学生的这些兴趣点激趣，多加表扬。好言好语胜春风，学生得到尊重，师生平等相待，学生

产生了情感暖流，彼此沟通就再无障碍了；教师唤醒了学生积极参与语文意识的胚芽，语文课堂不再是一片荒漠。

如何体现“学生主体、教师主导”作用？教师不要刻意主导问题，而要让学生在自主学习中自然生成问题。如《林教头风雪山神庙》，教师主导设疑往往是围绕情节、环境、人物展开，让学生思考情节的开端、发展、高潮、结果怎么样，环境的作用，人物形象怎么样，小说的主题是什么，艺术手法有哪些。

学生在自主学习中生成的问题与这些全然不同：林冲为什么那么懦弱，为什么不带妻子逃走？陆谦与林冲自幼相交，为什么陷害林冲？高家那么有势力，张教头为什么不把女儿嫁给高家？风雪的描写有什么作用？为什么安排三个人放火？林冲杀了人为什么还要换上白布衫逃走？……

可见，学生问的问题多是人文性的问题，与教师的思维有明显的距离，因此教学过程需要遵循学生学习和心理规律展开，如以下教学案例。

课中：任务驱动，从感性到理性，问题的生成、解决符合知情意行认知规律。

1. 以人教版必修1《记念刘和珍君》为例（课后的“研讨与练习”）

（1）作者一方面说“我也早觉得有写一点东西的必要了”，另一方面又说“可是我实在无话可说”，类似的话还有一些，请找出来，结合全文认真体会，可以看出作者怎样的感情发展脉络。

（2）文章叙述了刘和珍的哪些事，从中可以看出刘和珍是怎样一个人？

（3）联系上下文，体会下列语句的深刻含义。你觉得哪些词语需要着重品味，请标示出来。结合品味语言，背诵课文第2、4节。①而此后几个所谓学者文人的阴险的论调，尤使我觉得悲哀。我已经出离愤怒了。我将深味这非人间的浓黑的悲凉；以我的最大哀痛显示于非人间，使它们快意于我的苦痛，就将这作为后死者的菲薄的祭品，奉献于逝者的灵前。②真的猛士，敢于直面惨淡的人生，敢于正视淋漓的鲜血。这是怎样的哀痛者和幸福者？③惨象，已使我目不忍视了；流言，尤使我耳不忍闻。我还有什么话可说呢？我懂得衰亡民族之所以默无声息的缘由了。沉默呵，沉默呵！不在沉默中爆发，就在沉默中灭亡。④苟活者在淡红的血色中，会依稀看见微茫的希望；真的猛士，将更奋然而前行。

（4）关于“三·一八”惨案，除本课介绍的之外，你还了解哪些？你对刘和珍、杨德群等受害学生了解多少？你还读过其他作家描写和议论这场青年学生请愿运动的文章吗？查阅有关资料，做些归类、分析，拟出发言提纲，与同学交流、讨论。想想扩展阅读和交流讨论怎样深化了你对课文的理解，你受到怎样的启发，写一点心得体会。

从教材中以上这四道题可见教材编者的命题用意：

感性→理性；工具性→人文性；课内知识→课外。

因此，教师在设计教学环节过程中，可以采用如下方法：

第一步，解决感性的认知问题：“（2）文章叙述了刘和珍的哪些事，从中可以看出刘和珍是怎样一个人？”这道题是感性的认知，学生容易找到答案：①生前爱看鲁迅文章；②生活艰难，依然预定《莽原》全年；③成为学生自治会成员；④常常微笑着，态度很温和；⑤虑及母校前途，黯然至于泣下；⑥不屈，反抗反动校长；⑦“欣然前往”参加请愿运动；⑧中弹牺牲。这些从局部看，都是碎片化的东西。这是语言文字记录事件的工具性的体现，学生最易解决这类问题。解决了，还有成功的快感！

教师再引导学生对以上信息归纳概括：刘和珍是怎样的一个人？刘和珍是一个性格温和、思想进步、追求真理、富于斗争精神、有爱国热忱的进步青年。（唤起学生人文性的情感体验）

接着生成另一个问题：这样的一位好青年为什么被反动当局虐杀，还被污蔑为“暴徒”，被所谓学者文人恶意评论？（悲剧：把美的东西毁灭给人看）

结合教材课后习题（1）和习题（3），分别要求学生梳理作者感情发展脉络和体会语句的深刻内涵。可以在上一环节基础上，可以把（1）（3）这两道题揉到一起设计，属于语言文字背后暗示的情感体验问题。

在这个基础上，学生可以上升到理性认知了。综合（1）（3）题内容，品味语言，这时，学生会或多或少地进入作者的情感体验世界中去，与作者一起同呼吸，产生对反动当局愤怒、对进步青年被杀的悲痛哀伤的情感共鸣。

反动当局制造的“惨象”：让人目不忍视、愤怒到“无话可说”或“沉默”，或“爆发”又不得不说（民族的责任）。对反动派警告、对反动文人的“流言”：觉得悲哀、耳不忍闻，比刀枪更恶毒凶险，愤怒揭露。对学生请愿等群众运动的看法：总结教训，注意斗争方式。

而教材习题（4）［引导学生搜集关于“三·一八”惨案，刘和珍、杨德群等受害学生、其他作家描写和议论这场青年学生请愿运动的文章等有关资料，做些归类、分析，拟出发言提纲，与同学交流、讨论］属于从课内到课外的知识迁移题，是课内知识的拓展延伸。学生说高考不考课内的知识，这道题可以让这种观点站不住脚！

2. 同理，以《廉颇蔺相如列传》为例

第一步：解决语言文字记录历史事件工具性问题：课文记录了哪几件事？（自主学习，问题生成）完璧归赵、渑池会盟、负荆请罪。（语文工具性）

第二步：归纳概括蔺相如、廉颇在历史事件中的表现。舍己为公、国家利益比个人利益重要。

第三步：这篇传记文学在人文方面的价值。（读者情感体验）

第四步：国家利益高于一切——爱国的重要！（钱学森、邓稼先）（一带一路国际合作）团结合作可以带来共赢！（课外拓展）

3. 再以《装在套子里的人》课堂设计为例

第一步：小说记录了别里科夫哪些事？别里科夫给自己制造了一些有形的套子：他的雨伞、雨鞋、大衣、墨镜、羊毛衫、车棚、卧室等；漫画事件、骑自行车事件、恋爱失败（被摔）、死亡。（工具性）

第二步：归纳——别里科夫是一个封闭、保守、怀旧、落后、胆小多疑、性情孤僻的人，他墨守成规，因循守旧，极力维护沙皇农奴制的法令、制度、秩序等，生活和思想上都有种种套子，不敢越雷池一步。（阅读情感体验）

第三步：全城都受着他辖制：人们不敢办舞会，不敢大声说话、写信、交朋友、看书、教人念书写字。人民不自由——反映了沙皇统治的黑暗，揭露了沙皇政府对自由的压制、对人权的践踏和对民众的压制，表达了作者对自由美好生活的热爱和渴望。（人文性：有悖于人之常情）

第四步：课内到课外，知识迁移，练习巩固。当今社会的还有没有套子现象？这些套子要不要存在？（调动学生解决现实问题）

4. 再以苏轼《水调歌头·明月几时有》为例

第一步：感性体验——明月、饮酒、问天上宫阙、一夜无眠、月圆、人别、美好愿望。

第二步：理性感悟——高处不胜寒（在朝廷危机四伏、相互倾轧），何似在人间（民间相对安宁），人的团圆和平生活比待在朝廷更好！

第三步：人文性体验提升——外界对我们个人可能有很多不如意的地方，我们不必羡慕遥不可及的生活，那种生活说不定还不如眼前的生活更实在、更安宁，过好自己当下的生活比什么都重要！

第四步：课外拓展——静下来，一辈子只做一件事！也很幸福！（大国工匠蛟龙号首席装配钳工顾秋亮）

六、打造语文“实在”课堂的方法总结归纳

（1）课前准备：学情分析，预习课文，解决字词、作者概况、写作背景问题。

（2）导入，抓住学生的兴趣点，激发兴趣。

（3）课中，问题由学生生成；问题由学生自学解决，问题由学生合作解决；最终由教师解决学生未涉及的问题和少数难点问题（联系包括人的生存状态问题及学生自身成长经历中的困惑）。

（4）课后，巩固练习，抓好课内到课外的知识拓展。

语文阅读教学应立足于文本的解读

2018年10月，一次，在我们工作室有关阅读问题的交流中，华南师范大学文学院陈一平教授说：“反对支离破碎解读课文的做法，提倡整体把握文本；反对平面解读课文的做法，提倡多维度解读文本；反对仅仅从语文角度解读课文的狭隘语文观，提倡从文化高度和视野来观照文本。”

说到底，语文阅读就是读者借助文本，与作者架起心灵沟通的桥梁。读者先在阅读过程中接收到作者在文本中传递出的各种信息，再从侧面了解作者的生平经历及写作背景，通过揣度、品味、再加工，从而领悟文字背后的深层次含义及作者想要传递的社会影响力。我非常赞成陈教授这三个“反对”和三个“提倡”的观点，陈教授告诫我们一线语文教师：阅读要教会学生立足于文本，注意从培养学生的语文核心素养出发，多从宏观的视野、文化的高度，多角度、整体地解读文本，这才是语文阅读教学的灵魂。

语文阅读要追求尚真的精神。平常不少教师上课总喜欢先入为主，将各种问题事先设计好，上课时就抛给学生一堆问题。有一位教师教学生阅读《方山子传》，一上课让学生齐读了一遍课文，然后就抛出好几个问题：“我们经常说对古人信息的了解至少要掌握以下几个要点，即姓名、朝代、家庭背景、生平、著作，那么从苏轼的这篇文章中，我们能了解方山子多少信息？从文中找出相关信息填写表格。请同学板书并补充修改。”教师紧接着又抛出第二个问题，“鉴赏提示中说：在方山子身上，最能打动苏轼的是他的‘异’，那么哪些细节表现出方山子的‘异’？请用思维导图简要概括”。令人惊奇的一幕出现了：三个小组的学生代表早就将提前画好思维导图的小白板拿到讲台上向全班展示。又过了5分钟，教师再次布置学生比较阅读苏轼写的《陈公弼传》，抛出两个问题：“①读苏轼为陈季常之父所作的《陈公弼传》（有删减），比较两篇传记在行文、选材、人称上的不同；②两文所述事情不一致，哪个更符合事实？为什么？”后面又有教学环节三再次抛出问题：“苏轼为什么如此来写好友陈季常？联系写作背景及同一时期的相关作品的相关语句，品味作者的写作意图。”这样问题就来了，因为这些都不是学生思考感悟到的问题，它是教师思维提前预设的结果，教师与学生之间不可能思维完全一致。再者，阅读中学生可能还会出现很多教师想不到的问题：教师对学生自发生成的问题是不是可以忽略不计？课堂上教师不管学生的问题，这是不是在剥夺学生思维的权利和自由呢？这样看来，师生之间就不能很好地架起思维沟通的桥梁。教师一家之言的语文课实在是不太现实，丧失了阅读的价值。另外，一堂40分钟的文言文阅读课要读两篇传记，问题那么多，容量如此之大，学生思考回答问题竟然如此之快之准确，实在是让人感到高深莫测。是真是假？大家彼此心知肚明。不是学生在文本中感悟到的疑问，没有让学生去思考作者的人生感悟和写作意图，忽视学生对文本人文性的唤醒，没有让学生从社会文化层面去开拓挖掘作品的影响力和价值，教师一手包办的语文阅读课又有多大意义？

语文阅读要坚持科学的思想。从感性到理性，问题由学生生成，再由学生解决，再生成，再解决，要符合知情意行的认知规律。以2007年人教版必修1《记念刘和珍君》为例，学生的阅读认知规律是：感性→理性，工具性→人文性，课内知识→课外。学生读完文章，最先乐于解决“文章叙述了刘和珍的哪些事，从中可以看出刘和珍是怎样一个人？”这个问题是感性的认知，学生容易找到答案。解决了，还有成功的快感！再从总体看，学生再对以上信息做整体性概括：刘和珍是一个性格温和、思想进步、追求真理、富于斗争精神、有爱国热忱的进步青年（唤起学生人文性的情感体验）。接着生成另一个问题：这样的一位好青年为什么被反动当局虐杀，还被污蔑为“暴徒”、被所谓学者文人恶意评论？（悲剧：把美的东西毁灭给人看）教师再进一步因情入理地引导学生通过挖掘作品中文字背后暗示的信息，悟出作者的真实意图。在这个基础上，学生的认知自然就上升到理性认知了，进入作者的思想感悟，与作者呼吸，产生对反动当局愤怒、对进步青年被杀的悲痛哀伤的思想共鸣——反动当局制造的“惨象”：让人目不忍视、愤怒到“无话可说”，或“沉默”，或“爆发”……又不得不说（民族的责任）。对反动派警告，对反动文人的“流言”：觉得悲哀、耳不忍闻，比刀枪更恶毒凶险，愤怒揭露。对学生请愿等群众运动看法：总结教训，注意斗争方式。

语文阅读要深挖作品的社会影响。作家写作绝不是孤立的个人爱好、一时兴起，任何作家写作都是有目的的，有社会责任感的。

语文阅读教学抓住了文本解读这个本质，教师调动学生进行个性化的思维，不预设条件，不预设教师的思维路径，语文阅读课堂教学就有了源头活水，学生与文本、与作者的思维碰撞，就会产生无尽的智慧火花！

日常教学反思录

寒假结束之后，学生语文考试成绩为什么往往会急剧下降?

寒假结束之后学生语文考试成绩往往会急剧下降，存在的主要问题包括：①选择题普遍低分；②小说阅读、诗歌鉴赏得分普遍偏低，学生解答能力主要是按套路做题；③主观题作答一部分有偏差，答案组织混乱；④作文思维杂乱，语言表达能力差，书写不好。

原因：

放假把阅读的习惯和节奏打乱了；缺少训练，找不到答题的感觉；懒散，把知识体系都弄得七零八落，找不到逻辑思维了。

对策：

选择题要标注敏感点，找准对应点，落实失误点。学生在做题的时候，一定要注意选项与文本的对应关系，注意七大陷阱：部分与整体之间认识不到位，往往会犯以偏概全的错误；主观与客观，往往夸大现实能力及功效；原因与结果往往因果颠倒、强加因果；主要与次要，往往出现主次颠倒；肯定与否定，有意把文本中肯定的事物加以否定，或者将否定的事物加以肯定；已然与未然，命题人故意把尚未发生的事情转换为既成事实；信息的有和无，命题人故意在干扰项中设置原文当中没有该项的信息点，无中生有。

面对这七大陷阱，学生通过比对原文，查找原因，落实是关键。找准对应点，往往就可以把命题人的干扰项分辨出来。

论述文阅读问题解答一般第三小题是根据原文中原句的意思（占了这一项的上半句）推断出这一句下面延伸出的结果。一半是原文，一半是命题人推出的结果。不要碰到“必然”“一定”这样的词就认为这样的句子推断就有错误，所有的推断都要放在读懂原文信息的基础上，要以原文的语境为思考及做出判断。

文学类的阅读题，我们也要在文本情境当中考虑，因为命题人一般带有任务驱动，所以总是搞情境创设。我们不要简单地按套路答题，也就是说一提小说就是人物形象啊，情节啊，结构啊，然后主题啊，这一类的，关键还要了解命题人所指的任务是什么，我们应该回答什么。要在原文中找出准确的信息做依据，就不能离开文本情境。学生答题的缺陷一般是不解作品的主题、审题不准、缺少整体阅读的意思、结构意识、整合意识、规范意识，这样造成答题的思路也很混乱或者没有思路。阅读的策略：①要有无人机的意识，无人机的意识就是整体概述；②要有老母鸡的意识，老母鸡的意识是一粒米一粒米地往前啄，就相当于人进入花丛拍摄，也如同进入具体的书页一样。

对于小说阅读，关键是要读懂题干的信息、问题本身的含义、勾连人物形象和主题的突出价值。小说阅读的试题往往离不开情节、人物形象和主题，这三者缺一不可。答题的时候，要注意把这三者勾连起来，还要重视整体信息的把握（对人物形象的全方位把握是非常重要的），另外还要注意个性化的阅读解读和感悟能力。

诗歌鉴赏以读懂诗的思想内容为前提，表达技巧只是为诗歌主题服务的，所有的题目都必须指向作者的情感分析。古代诗词鉴赏大多也是考两种情况：一种是诗歌内部情境；一种是诗歌外部情境，也就是诗人自己身处的环境和诗人所描写的环境。两种环境都要考虑到位。近年来怀古类的诗很少考，因为这类诗典故太多，理科生做这种题要吃亏，这对考生来说是不公平的。要鉴赏诗歌，必须以读懂为前提，只有把诗歌的意思都弄懂了，才能够谈得上鉴赏。

非连续性文本，一般选用的各种材料的倾向不同、体裁不同，但是总有一个宏观一致的写作对象。解答这类题也要看懂各种材料各自的倾向是什么，还要区分各种材料的不同点及共同点，只有把不同点和共同点都找到了，我们才能掌握非连续性文本的各类信息，解答问题也就不难了。

实用类文本阅读，要加强信息筛选整合，答题要多从文本中整理归纳。实用类文本的信息点非常清晰，一般在段首或者在对原文信息进行有条理的分析整合中能清晰地展示，这类题难度不大，只要会归纳整理就可以了。

对文言文阅读要注意以下两个方面：①传记文体的特点是突出人物在事

件中的能力和品质；②翻译要注意词类的活用和特殊句式，对于虚词的用法要随机应变，活学活用，根据语境来判断它的价值。文言文阅读一般最难做的就是文化常识题，这种题浩如烟海，如果死记硬背很难答对。所以，即使是文化常识题也要放在语境当中去判断（这个常识在文言文的语境当中具体指什么？），这样才能判断出这个文化常识是否正确。翻译题也是这样的，看懂要翻译的这句话的前后各三句，这样我们才知道翻译的这句话的正确意思。

语言文字运用题，细节决定成败，不能忽视细节，表述要准确。语言文字运用题也应在语境中判断。成语题一般在于判断细微的差别，一定要在语境中将这个成语前后几句话的意思串联起来，思考这个成语放到这样的语境中是否合适。结论是：不入语境，不下判断。

写作要加强立意的训练，思维的训练，提高语言表达的能力，加强书写规范的训练。

以上问题主要是二轮复习当中常见的问题及对策。

语文阅读能力弱的问题如何解决?

语文阅读能力弱，从根本上讲主要是读的书太少，或者是不讲究阅读方法，因为阅读量不够，训练就谈不上质的要求，自然就读不快也读不准。怎么才让阅读能力提高呢？我们训练的目的又是什么？简单地说，就是两个字“快”和“准”。

快，是时代所趋，近几年高考命题中文字阅读量越来越大，在快的基础上考察信息掌握的精准与否，这始终是阅读能力强弱的关键所在。语文是一门实践性很强的学科，能力是靠学生平时训练出来的，不是靠教师讲出来的，所以要保证训练的量，而且有目的、有要求的训练才有价值，才能保证训练的质。

如何读得准呢？在阅读能力的快和准之间，准最为关键。精准的阅读读到位，才可能最大限度地读出命题人给出的信息。读懂文本，读懂题目，精准解答，做题的每一个环节都与精准的阅读能力密切相关。非连续性文本的阅读、文言文阅读、文学作品阅读和写作，每一个板块的得失都与精准阅读能力的强弱成正比。精准阅读能力的薄弱是一个普遍性问题，是高三语文复习的关键。提升精准阅读能力不仅要强化意识，更要从字词句篇以及整个语境着手。字不离词，要习惯于咬文嚼字。训练精准阅读，要学会咬文嚼字抠字眼，当然不是逢字必嚼、逢字必扣，主要还是要抓住关键字、句和近义词辨析。诗歌练字阅读的关键词离不开要抓住关键句。关键句一般出现在主体部分，每段的段首或者段尾往往带有或暗含作者评论性的词句。作文题目里的核心概念，考生在阅读时也要多一份计较、多一点咀嚼，审题就多一份精准。词不离句，要习惯于辨析语境；字不离词，词不离句，句不离篇，对于字词句的精准解读都离不开对具体语境的辨析，回到原文抓紧时间看语境，这是做好语文题永恒不变的法则。阅读，要习惯圈画关键词、句，主要把握段落和整体篇章，往往需要考生分清段落内部的层次与层次之间的关系，以及段与段之间的关系，从而看清文章框架进行文章的整体理解。建议学生平时养成圈画分层的好习惯，读到哪里就要圈画到哪里，要品。长期坚持下去，就能对文本内部结构有一种透视，有一种强烈驾驭的感觉。通过这样的训练，真正使学生读懂文章，领略文章的魅力，也就锤炼了精准阅读的能力，如能天天坚持训练，何愁应试阅读能力不强？

写作的审题问题为什么成为老生常谈的问题？

作文审题，这次会了，到了下次出现新题，又不会了。这主要是没有掌握作文审题的一些基本规律。

作文的审题如碰到关系话题的作文，一定要注意辩证、理性地看问题，要把二者的关系分析透彻。例如，作文“变与不变”这样的题，要从对比中看“变”和“不变”之间的不同，在比较中看出“变”和“不变”哪个更重要哪些可以不变？要思考为什么人总是在“变”中受到启迪。这样把它引申出对生活的哲理性的思考，审题才算基本到位。另外，这种抽象的作文题要将它具体化，“变”和“不变”太过抽象。把它具体化，如我们沟通的方式不断变化，过去以书信的形式，现在发展到微信，但是这么多变的形式的背后，我们传递真情、传递友谊、传递对生活的感悟、传递对朋友的关心等，这些东西是永恒不变的。

具体的写作问题要具体分析。比如，有一道这样的作文题：勒内·托姆是法国著名的数学家，有一次，他与两位古人类学家讨论问题，谈到远古的人们为什么要保存火种的时候，一位人类学家说保存火种可以取暖。另一位人类学家说因为保存火种可以做出鲜美的肉食。而勒内·托姆说，因为夜幕来临之际，火光灿烂多姿，是最美最美的。

这样的作文要求，考生要把具体问题抽象化：烤火取暖和得到食物都是人类生存的基本条件，他们是从物质层面考虑的，而说夜幕降临时的火光灿烂多姿是最美最美的，这是从审美的角度来考虑的，也就是精神层面。这样把这道题抽象化之后，考生就明白了这道作文题的写作目的了：抓住物质与精神的关系。这样我们就知晓这是一个关系性的话题材料作文了。既然是关系性的话题作文，就要考虑哲理思辨性，就要有比较。为什么出现“最美最美”这样的词？这就提醒我们什么东西与之相比较，哪个是“最美”。应该说，物质的满足是不够完美的，对精神的追求，可能比物质更美，这是美的最高境界。

遇到重大主题的作文题，审题的时候要考虑：切口要小，入口要小。比如“变与不变”，这是很抽象、很宽泛的大题目。考生只有在切入的时候，从小处着眼，才能把作文写深刻。例如人类沟通方式的“变与不变”，如果是从小处着眼，抓住书信、微信切入，这样再上升到人类交流沟通的方式，这样我们就发现它的变化只是形式，其背后不变的是：人的真挚感情的交流、沟通。

材料作文怎么审题立意？

单则材料作文，要抓住矛盾的冲突点来审题，因为矛盾的冲突往往就是命题人关注的焦点。冲突带来思想的火花，事物的真善美也往往在冲突中得以展现，作者往往也把自己肯定与否定的思想寄寓在冲突点里，从而让考生做出选择或判断。

例：2019年高考深圳一模语文作文题。

22.阅读下列材料，根据要求写作。（60分）

点击链接就可以阅读美文，打开图片就可以欣赏风景，扫码支付就可以购买时装……科学的发展使成果的共享变得更加便捷。只是，我们仍然很难共享写作者的思考、摄影师的体验、设计师的匠心……这些仍然属于独创者独有。

对于国家而言，你可以共享别国科学发展的成果，只是很难共享他们独有的关键核心技术。因为关键核心技术要不来、买不来、讨不来。

我们生活中并不缺乏“共享者”，同时，新时代的中国呼唤着更多的青年人成为某一领域的独创者、独有者。因为，有什么样的青年，中国就会有什么样的未来。

以上材料触发了你怎样的感悟或思考？请根据材料写一篇文章，表明你的态度，阐述你的看法。要求：选好角度，确定立意，明确文体，自拟标题；不要套作，不得抄袭，不得泄露个人信息；不少于800字。

该题审题指导：

这是一道时代感非常强的材料作文题。本题由三段材料构成：

第一段：从个人层面谈及“科学的共享与独创”的关系，“点击链接就可以阅读美文，打开图片就可以欣赏风景，扫码支付就可以购买时装”列举生活中共享的典例，同时指出“很难共享写作者的思考、摄影师的体验、设计师的匠心”，这就是指出“独创”“独有”的重要性，而“独创”“独有”便是“思考、体验、匠心”。

第二段：从国家层面谈及“科学发展的成果的共享”与“关键核心技术”“独有”的关系。“共享别国科学发展的成果”是列举“共享”一个方面，而“独有的关键核心技术”便是“独创”。而“因为关键核心技术要不来、买不来、讨不来”。可见，本段从国家角度肯定了“独创”的意义。

第三段：点出本题中心。生活不乏共享者，但是新时代的中国呼唤着更多的青年人成为某一领域的独创者、独有者。由此得出本次作文的重心是论证“当代中国青年与独创的关系”。

学生应该综合三段材料，整体理解材料，从而得出材料的中心，不能脱离“时代青年与独创的关系”，只写“独创”“创新”或者只写“青年”“时代”，或者写“共享的重要性”视为偏离材料。

高考作文如何做才能赢得高分?

高考作文的题目要眉清目秀。“眉清”是指材料中的关键概念是不能换的，如前文所述的“共享”“独创”“青年”；“目秀”是运用一些修辞手法让语言更生动形象。

以2019年深圳高考语文一模作文题为例，这次好的作文题如《共享浪潮中，当代青年应踏上独创冲浪板》。又如2018年的高考优秀作文《你我之梦，中国之梦》。

作文的结构采用并列结构有一定风险，因为这种思维比较简单。好的作文的结构要有自己独特的思维，运用理性的思考，逻辑性很强。高考考场作文是应命作文，既然是应命而作文，就不可自以为是。

立意三招制胜：①审题结果要问题化；②写作的角度要对象化；③关键段、句要精确化。

要写好一个主旨句，审题时要审出结果，就要设计出一个问题；审题还要有一个角度，比如2018年的高考作文，其写作角度就是2000年之后出生的人也就是世纪宝宝。

还有一道题：由第二次世界大战期间战机中弹的多少问题引发的思考。统计学家沃德力排众议，强调应该加强飞机中弹很少的部位的结构，他这种判断就具有独到的思想，告诉大家：中弹少的地方不牢固，飞机更容易被击毁。

好的作文要有时代感，要有担当的意思，要有探究的意思；思维的品质要高，逻辑关系要清楚，一定要写好上半部分。开头部分一定要写好三句话：引材料、搭桥、亮观点。

立意最怕的是残缺不全，如材料中的关键词，只抓住其中一个，而把其他与之相关的关键词丢弃不管，甚至与其中的关键词产生割裂。作文的审题要找好对象，也就是说要找一个最能够说服的人，在交际情景下答题者要完成说服他的任务，这就是任务驱动型作文。

思维品质的论证无力，这样的作文一般都是逻辑不清，结构简单。

教师如何永葆工作激情?

从事教师这个职业，意味着责任和担当必须紧跟我们一辈子。家长将子女交给我们，是对我们的信任，是对我们的鞭策，我们应该把天底下所有的学生都当作自己的孩子一样负责任地做好本职工作，才不会辜负人民的期望。2014年第30个教师节前夕，习近平总书记考察北京师范大学时勉励广大教师做“有理想信念、有道德情操、有扎实学识、有仁爱之心”的“四有”好教师，这是国家寄寓教师的厚望。任何时候教师不能躺在功劳簿上睡大觉。教师只有牢记使命，不忘祖国和人民的期待，在工作中才有不竭的动力，才能永葆工作激情。

长期的培训学习，让我有以下的几点感受：

（1）坚持立德树人的思想不动摇。教师传授知识、教授技能固然重要，但是，更重要的应该是立德树人。首先一个人的成长最关键的是有正能量，要以激情引领人生积极向前，奋发有为，这样才能持久。这是伴随一个人一生发展的不竭动力，这样，事业才能持久发展。因为有了这种激情的正能量，学生在课堂上的学习才高效，因为他有目标的引领，他有激情人生做导航，不可能低效。

（2）应该看到除了学习之外的东西——培养学生，还应该注意调动学生感知社会并服务于社会，将来才能为国家做出更大的贡献。这种能力就是除了学习之外的实践能力、合作意识、参与意识，最重要的是要有家国情怀的责任感。

（3）反思我们过去的教育教学，很多都是停留在低层次的教授知识的层面，我们忽视了以人为本、立德树人的教育宗旨，这往往造成学生物欲膨胀、极端个人主义、自私自利的思想。将来这样的人一旦走入社会，很多人都不适应社会的需要。更严重的是，有的人做出了一些让人想象不到的事情：如同学之间互相瞧不起，第二名要想办法除掉第一名；甚至连自己的儿子都要弑母弑父……这是多么可怕的社会悲剧啊！因此我们教育工作者责无旁贷，必须抓好育人工作这个根本。

高考古代诗词鉴赏为什么要渗透文化素养？

高考诗词鉴赏题历来是一个难点，学生花的时间多，但总是抱怨读不懂。那么，鉴赏又从何说起呢？

从近三年的高考题型的变化，我们不难发现一个规律：古代诗词鉴赏是很讲究文化素养的。2016年课标全国Ⅰ卷考查的是李白的《金陵望汉江》，分值11分，题型为两道问答题：第一道题是诗的前四句描写的什么样的景象？这样写有什么用意？第二道题是诗中运用任公子的典故，表达了什么样的思想感情？两道题都是围绕写法和感情来设置考查的。2017年全国Ⅰ卷考查的是欧阳修的《礼部贡院阅进士就试》，分值11分，题型发生了改变：第一道是选择题，5选2，主要是考查学生是否读懂了诗歌。B项“重点在表现考生们奋勇争先、一往无前的说法”就是理解的错误，考生要了解作者是借古代士兵行军打仗为了防止出现大的动静，往往“马摘铃”“口衔枚”，形容考场中考生沉浸在答题的安静状态中；E项把诗歌的尾联理解为“作者承认自己体弱多病的事实”也是错误的，这就涉及传统文化的问题了。古人与人交谈总是尊他而自谦，显然，欧阳修这里说的“体弱多病”就是一种自谦的话。第二道题是一道赏析题：本诗的第四句“下笔春蚕食叶声”广受后世称道，请赏析这一句的妙处。这道题考查学生诗词的文化素养，学生必须运用联想和想象力，想到“春蚕食叶声”应该是比喻考场考生答题的状态，以声衬静；考场庄严而肃穆；作者见此情景，喜悦之情自不待言。2018年全国Ⅰ卷考查的是李贺的《野歌》，分值降低为9分，题目两道：第一道题是选择题，4选1，考查依然是围绕学生读懂诗歌内容的问题，如B项的“穷”不要理解为字面的贫穷，而要联系作者的人生处境思考，这里的“穷”应是人生道路中遭遇到的“困窘”。第二道题考查的依然是简答题，“诗的最后两句有何含意？请简要分析”，分值6分。回答这个问题，先要理解诗句的字面意思，冬去春来，东风徐来，枯柳变绿；其次根据诗句意思描绘画面；最后联系诗中“男儿屈穷心不穷”“枯荣不等嗔天公”所体现的作者的思想情感，分析诗句背后隐含的更深层的意义。

总之，古代诗歌鉴赏要借助联想和想象，了解作者及作者的时代处境，设身处地从作者的生活处境来读诗，与作者同呼吸、共命运；还要借助对意象词的理解，通过合理想象组成一定的生活场景，加上修辞知识、表现手法等的积累，才能合理地读懂古代诗词。

如果没有一定的文化素养，解决高考词语鉴赏考题是有难度的。

高中语文公开课该怎样评价？

我听了不少校内外的语文公开课，看到的、听到的、学生活动的，可谓“千种方法”，尽显其态。

然而，静下心来反思一番，觉得好听的、好看的、热闹的，固然有其佳妙之处，但不见得课堂的效率就很高；反之，那些沉闷的，不那么好听、好看的课，也不见得一无是处。有些教师夸夸其谈、高谈阔论，全然不把学生放在眼里，仿佛只有他一人讲才是高效的语文课堂；有的教师一节课几乎全是他自己一人在讲解，看不到学生在做什么；有的教师引经据典，掉书袋子；有的教师设计的问题与学生思路不一致，学生怎么讨论也走不上正题；有的课堂闹哄哄的，学生有说有唱有演的，而有的课，看起来教师也不怎么讲解，但是学生却真正动起来了。比如文言文课堂，学生可以通过自己查找资料、对照教材，解决大量问题；又如古代诗词鉴赏，学生自己解题、查找作者资料，尝试读懂，破解作者情感及写作手法……这些课教师讲得并不多，但我依然觉得这些课不错，因为它真正让学生有所收获。

公开课多是教师提前精心准备过的，教师提前像导演一样将课堂的各个环节都考虑得很周全；甚至提前把某些问题交给学生做一遍，到上课时只是再演示一遍就可以了。所以，我们看到这样的课几乎是完美无缺的。其实，这里掩盖了一个大问题：语文课堂问题的生成不是由学生思考得来的，而是教师根据教科书的意见提前预设的。这显然违背了语文教学的自然规律，教和学之间严重脱了节。

我个人觉得：好的课堂问题应该由学生思考而自然生成，教师将学生问题整理外化出来，再把这些问题抛给学生共同合作解决，给学生以问题驱动，积极调动学生的思维，让学生动手动脑，大家协作解决问题，这就变成每个学生的内驱力，问题的解决都有集体的智慧。即使出现不太好的解决问题的局面，也不是什么坏事，暴露问题也是一种成果，它会启发大家更进一步的思考，何乐而不为呢?

为什么说解答语文高考题就是一场人生博弈?

纵览最近几年的语文高考题，我们不难发现：考查基本知识的题型越来越少了，而考查基本技能和思维能力的题型越来越多了。为什么会有这样的变化？这是因为高考就是一场人生博弈，它要尽量更真地选拔出有真才实学的人。解答题目的过程中，既可以看出考生在具体的情境中的问题是如何正确思维、正确解决的能力，又可以检验考生一定的思想品德高度。这不是简单的凭借识记能力就能解决得了的。

从语言运用题的考查题型来看，2018年的题型变化反映了命题人更重视考生有没有真才实学，因为题目都设置了一定的生活情境，讲述的是一条科学考察船在大洋上的科考活动，设置的考题有语病修改、近义成语的辨析以及考查语言表达的简明、连贯、得体；考查题型是选择填空，看起来难度不大，但是，考生如果脱离了生活情境中的语言环境，如果不从细微差别、褒贬等方面综合鉴别，考生是很难做出正确的判断的。

再看作文题，2018年的高考作文题设置了在2000年、2008年、2013年、2017年中国发生的几个重大事件，然后又设置未来的2020年、2035年中国的社会发展梦想。命题人要求考生将读材料时触发的思考和联想写一篇文章，想象把它装进“时光瓶”留待2035年开启，给那时18岁的一代人阅读。这是一道任务驱动型材料作文，考生必须联系个人18岁成长经历和18年来国家发展过程中的重大事件及未来中国梦的实现，思考个人与国家的关系问题。重点应放在对未来的思考，因为它要求是写给下一代人看的，离开了这个情境，写作就会偏离主题。家国情怀可以彰显出国家选拔人才重视“立德树人”思想对作文题的渗透，这考查的不是简单地写一篇文章的能力，它还考查了人的道德素养。由此观之，这不是一场人生博弈又是什么？

综合看来，2018年全国Ⅰ卷语文考卷的每一道题都让考生在具体的生活情境中解决所遇到的语文问题。从某种意义上说，语文卷考查更重视生活语文，更重视道德语文了。凭借简单的语文知识积累而不重视学科的综合素养、人文素养，是很难考出优异成绩的。从某种意义上说，这就是一场人生博弈！

为什么要提倡建立学习共同体？

学习共同体具有共生共享、共同愿景、开放融通等特征，有助于成员在共同学习中提升合作意识、合作技能，在思想交流中获得反思技能，在异质交流中知识创生和共享。教师是一种特殊的职业，其专业发展必须通过“获取知识经验”的学习和“进行行为实践”的学习相结合来实现。

教师团队在真实情景中做研究的行动研究方式，即在课堂中研究课堂，透视课堂并在研讨和反思中改进课堂，通过提升教师的教学实践水平进而改进学生的学习行为。研修团队成员的异质性特点提供了教师之间进行研修异质互补、思维碰撞、知识共生的前提，为教师搭建起合作交流的平台，使研修团队在开展研讨活动的过程中，通过持续的反思和实践建立以“合作”与“对话”为主要形式的研修团队，最终走向共生共长、资源共享的教师学习共同体。

在实践中研修建设教师学习共同体的组织操作方式，以及通过课例研修创建教师学习共同体的外部管理和内部运作机制。

从组织操作方式上来说，组建一支异质组合、优势互补的团队是开展课例研修的前提条件；“三次实践，两次反思”的研修模式是研修团队走向教师学习共同体的关键性过程；交流总结，理论提升是研修团队在研修中获得的经验总结和理性升华，为今后教师进一步发展提供了借鉴的资源。

从外部管理来说，作为学校的管理者，要促使研修团队的个体达成共同愿景，明晰为什么要实现共同愿景，以及建立一整套规章制度和约定俗成的研究方式，以实现共同愿景，需要通过规范的管理制度对教师进行引导，建立团队合作制度；创造工作之余的团队活动文化，减轻一线教师的工作压力；需要建立有利于评价教师个人和整个团队的科学评价体系。

从内部运作机制来说，促使团队的研修活动做到聚焦主题，对话合作，在准备阶段做到确定主题，分组协作。选题：聚焦主题，以问题引导研修活动；分组：分工协作，使研修活动有效开展。在研究过程中做到课堂观察，行为跟进。第一次课堂观察及课后反思要记录课堂，聚焦主题；第二次课堂观察及课后反思要围绕主题，行为跟进；第三次课堂观察及研修报告要完善课堂，审视教学。在总结提升阶段要做到知识创生，资源共享，提升知识共生技能，包括对话探讨技能和问题聚焦技能，并呈现包括课堂观察表、研修报告、学术论文等形式的课例研修成果。我在不断思考和实践中构建教师学习共同体，促使课例研修团队在研修活动中走向异质共享。

一些学生对学习语文的一些典型看法

一、既喜欢语文，又觉得留下很多遗憾

语文是中小学生必修的基础科目，所以我自小就重视学习语文。一开始学习，就觉得语文是比较浅显易懂的，所以大部分人都会比较喜欢语文这个学科，而不是数学。

关于写作。小学的时候，我总以为自己可以成为一个大作家，因为感到语文的学习非常简单，当时见到什么东西都感觉可以为它写一篇文章，说得头头是道，就像方仲永似的，“自是指物作诗立就”。然而随着语文学习的持续深入，并且随着年龄的增长，我感到自己的想象力和理解力有些下降，对语文的学习进入了瓶颈状态。幼时对世界的惊奇也逐渐消失，写作由一件令人期待的事变为一件令人郁闷、难过的事。因为发现了写作不只是需要感性，还需要逻辑的分析。尤其到了初中，伴随着升学的压力，写作的灵感越来越少。当时感觉自己的写作就已经进入一种非常混沌的状态，600字的作文全靠吹。直至高中的时候，老师教我们写议论文，有了一些分析的思路，但一动笔写作就全靠堆砌材料。有时候写作自己根本没有一点思绪，写作越来越成为一件让我非常头疼的事情，因为很多题目都不是我想写的东西，感觉自己就像是被强迫去写作。没有人喜欢这种被强迫的感觉，非常难过的就是作文是需要上交的，还要被打分、被评定。我知道自己写得很糟糕，但是我也不希望被评定。有时候看完一本书或者看完一部电影之后有一些非常奇妙的情感想要抒发出来，但是，因为懒惰或者其他的原因没有写出来，会成为一件非常遗憾的事情。想写的时候没有写，不想写的时候写出一堆乱七八糟的东西，这就是我读高中时的写作现状。

关于古诗文。小时候学习诗词是一件令我非常开心的事情，因为当时的背

诵量不多，而且背诵的古诗文都是比较简单的；虽然当时自己并不能非常好地理解古诗文的意思，但是学习古诗文的过程是非常愉快的。随着年龄的增长，我对古诗文的学习感到越来越难、越来越感到难以理解。而这一切都是建立在一个比较功利的基础上的，就是为了考试。在考试面前，我们感到非常无助。生活中有些东西是很美好的，就像古诗词，可是被赋予了功利的含义之后，很少人会学得很愉快，所以对古诗文的学习我一步一步进入瓶颈状态，有的时候把原篇意思完全理解反了。我认为真正学习文言文，是我在初中的时候才开始的。小学时虽有“自相矛盾”之类的简单的文言文，但都比较简单，学习文言文出现问题应该是从初中的时候开始的。当时老师没有特别明确说明文章原意，也没有要求哪些是一定要学习的，如古今异义词、特殊句式、词类活用之类的。我上课只是理解课文中的一部分意思，而不是要求自己必须记诵一些东西，所以我的文言文基础非常不好，有一些需要背的长篇课文，如《出师表》和《捕蛇者说》我都没有背下来，我以为老师当时要求我们背诵只是吓唬我们的，以致现在我对古诗文的学习大概就是靠蒙猜，所以经常弄错。这是我觉得非常遗憾的。文言文本来是非常美好的东西，却因为我个人的原因没有掌握好它们，没有继承好这些优秀的历史篇目。我希望我以后还会继续学习这些文萃的东西。在考试之外的学习，效果可能不是很好，但是这样做却会让人非常开心。

关于现代文阅读。小时候的我是没有阅读概念的，我喜欢看电视，后来我看到周围的同学在读《格林童话》《安徒生童话》之类的书，我觉得那就是文字版的电视，所以我就特别喜欢看这种有故事情节的书。如果让我看散文的，没有故事性的散文，像《瓦尔登湖》这一类的，那我太难受了。我的阅读好像就是为了寻求一种安慰、一种充实的感觉，就像不知道怎么打发日子似的。在步入高三的最后一个学期，我有一个疑问，就是还要不要继续阅读？有的时候读一本书，我发现自己的格局真是太小了，都没有站在全人类的高度上去看一些人世间的问题。其实我总认为，阅读好像对考试没有什么帮助，只是我还是花一些时间去看一些书，有的时候会比较入迷，甚至耽误了写作业。我好像有一点叛逆的心理，总喜欢在非常紧张的气氛中寻找一种安适的感觉。有时候做作业这样的事情让我感觉自己非常空虚，总想通过做其他的事情来缓解一下，于是我就开始看一些书来缓解一下自己。于是，我就陷入了一个死循环：看完一本书之后发现自己空了，又马上看另外一本，看着看着，心里有非常重的负罪感；想赶紧看完，看完之后又空了，又看另外一本书。这种冒险的感觉有点危险，很容易就被值日生抓到扣分了。但是我又想着现在要趁着这青春年华好时光，这个时候不看书，什么时候还会看书呢？我想着我肯定是对自己没有信心，觉得自己长大以后看书的时间会很少，所以才把未来的那些时间都挪到现在来，我真可能不是一个非常坚定的人，看多了书之后也会有一些思想观念上的冲撞。

关于高效语文课堂。我们现在的语文课堂大多都是自习课，有时候和同学分享的时候我都不知道怎么说好。其实有时候自习课，老师给我们安排的任务我们还是没有完成好，如果是要一步一个脚印踏实地去做，真的是做不完的。但是老师讲的和答案的东西有点像又不太像，有一些新增加的知识点，自然是更完不成任务了。

二、语文是我的大哥哥

我今年18岁，学习语文的时间如果从幼儿园算起，已经有14年了。可能是我小时候比较喜欢看电视的原因，我从小就对语文有一定的好感，再加上家里经常给我买一些课外书，同时在小学遇到了一些对我的语文学习影响深远的好老师，所以从小学时，我的语文学习就是比较顺风顺水的。语文一直是我的强科，直到上了高中也还是这样。

说起来，我对语文也有很深的感情。语文在我心中像一个温柔的大哥哥，他从来不会过分地占用我的学习时间，却能让我保持稳定的成绩。很多人说语文无用，但在我看来这是非常错误的说法。相较于物质生活上的鼓励，语文对我来说更多的是一种精神上的慰藉。开心时我可以写一篇文章，难过时一看到那些优美的文章，我就会感到释然、感动，从而坚定了我对未来的路的追寻。所以我认为语文对我的人生是非常有用处的。

高中语文其实与高中的考试并没有太多直接的关系。当下的教育理念是“立德树人”，相较于成绩，现在更看重语文素养，包括理解和写作能力，这就是我们通常所说的语文核心素养。说实在的，语文与教材比较有直接联系的仅仅只有默写的五分。但默写的五分，也不是可以轻易拿到手的，也需要我们对教材有一定的认识与理解，才能准确地写出。从这个层面看，它还是高于教材的。

学习语文到了高中时期，有了之前小学与初中的基础，我们多数同学都有一定的自觉性，都有一定的基础与理解能力。所以我认为高中语文课堂更强调的是源于教材而又高于教材，源于生活而又高于生活。它与生活始终是紧密联系的。

上了高中，我有幸成为语文课代表，对此有了更深的理解。在一次次的练习与考试中，我渐渐明白，高效语文课堂实际上就分为以下几个方面。

1. 自主性

自主性是高中与初中最不一样的地方。初中生强调依靠老师的指引，高中相较于初中，更注重学生的自主学习。对于我们语文老师的教学方式，我们私下常常笑，这是一种放养式的教学方式：因为我们经常都是自己在课堂上学习。

我曾经非常不适应，因为没有老师很多的指导，我确实很难找到我的前进方向。但是，随着时间的流逝，我渐渐意识到这种方式的有效性。它更强调锻炼学生的自我理解能力。相较而言，照本宣科地读教材讲教材，对学生的语文学习反而没有太大的帮助，因为高考并不考教材，它更强调的是学生自我的理解能力与认识能力。从这个层面上说，我认为自主性是高效语文课堂最重要的方面，即多给学生一些自我学习的机会及讨论的时间，比什么都重要。

2. 有针对性

功利点说我们毕竟是高中生，面对的是高考，所以我们复习方向绝对不能够混乱散漫。因为时间是有限的，需要学习六科课程的我们，精力也是有限的。

我曾说我对于语文没有花太多的心思。这是源于它自身的特性。语文这种东西，凭借一种虚无缥缈的语感，对于基础要求很重要。这不是靠刷题就能补得上的。所以我认为高效语文课堂应是自主性与针对性相结合，让学生自主地有针对性地去解决自己有困难的问题。因为每个学生的问题都是不一样的，而老师只有一个，老师难以做到面面俱到。学生在多次的自我学习中，自然会意识到自己的薄弱之处，然后针对薄弱之处，加强练习，薄弱问题就能逐渐解决。做一定量的题是必须的。

3. 以技巧点拨为主，不应花太多时间在讲题上

我心中的高效语文课堂应该以技巧点拨为主，不应花太多时间在讲题上。因为大量的题目，大多题目答案都有解析，而解析基本通俗易懂，没有太多的疑惑。即使是老师讲，顶多也是将答案讲一遍，这有点浪费时间，而且效果并不比我们自己消化好。

相较于仅仅只讲一道题，我认为老师应该透过一道题看到这一类型题的问题，寻求此类题型的相同之处，适当点拨即可。不应将整套试卷逐题全部讲一遍。这样的语文课堂怎么能有高效可言呢?

所以，我认为高效语文课堂应以老师点拨为主，不应将大量时间花在做题上，而讲题时间老师也不应超过15分钟。应鼓励学生用课余时间自行找老师解决疑难，解决那些答案中解决不了的问题。在课堂上老师要兼顾大部分学生的主要问题，可以让课代表用收集问题的方式收集疑难问题，寻找大部分人都提到的问题在课堂上进行讲解。少数人提出的问题，让学生自行找老师或者老师自己找学生在课下解决。这样可以在课堂上充分利用时间去解决学生的普遍性问题，从而实现高效语文课堂。

4. 适当点拨也非常重要

老师毕竟是老师，即使语文这门学科很特别，但仍然离不开老师的指导。学生受限于认识，他们可能意识不到自身的问题，这个时候需要老师发挥指路人的作用。比如复习文言文，课内文言文学习，学生往往以自我学习为主，但同时老师应在课前十分钟简单点拨重难点、疑难点、易错易混点，并强调高频考点，使得学生在学习前有一个比较明确的认识，知道哪些是重点，哪些是难点，从而加大关注度，用更多的精力去突破重难点，而不是将大部分精力放在偏怪点、冷门考点上，这样学生学习效率也会更高。所以我认为，想要达到高效语文学习的目的，老师应发挥其指导作用。

5. 语文这种科目更强调课外的积累

老师有必要向学生推荐一些经典阅读书目，鼓励学生在课下进行自我阅读，拓宽学生的知识面和阅读视野。没有一定语文阅读能力，很难说语文学好了的。所以老师可以考虑将课前三分钟定为阅读时间，尽量让学生在课前三分钟阅读一些有哲理的美文，阅读一些针砭时弊的时评，看一些名家的作品，读一些有趣的小小说或微小说，这样可以进一步提高学生的理解能力，培养语感，更好地提高学习效率。

三、我心目中的高效语文课堂

据我所知，不少人，特别是中学生，对待语文课特别随意。我曾经也抱有这样的态度，但是语文一直考不好，这很吃亏。后来我就重视起来，虽然现在语文成绩也不是很好，但比起以前对语文缺乏重视的我来说还是大有长进的。下面我浅谈一下我对语文课堂的一些看法。

为什么那么多人对待语文学习不大走心呢？我想有这样几个原因：其一，有些学生觉得语文是不用学的，“中国人还要学语文吗？”这个错误观念在一些学生心中根深蒂固。其二，一些学生认为学语文要随缘，考得怎样自己根本无法把握。究其原因，其实这些学生应该是对语文这门学科不够了解，甚至完全不知道语文到底是什么（我好像也不知道）。据我调查，语文是基础教育课程体系中的一门学科，其教学的内容是语言文化，其运行的形式也是语言文化。语文能力是学习其他学科和科学的基础，也是一门重要的、工具性很强的人文社会学科，是人们交流思想的工具。我们从小到大都要学语文，语文的重要性不言而喻。依我之见，想要完成一节高效的语文课，首先就要让学生认识语文，了解语文，真正理解语文的内涵。只有这样，学生才能知道自己所学为什么重要，并且能够自觉地投入学习。

仅认识语文或许还不够，知道自己为什么学语文也很重要。那么我们为了什么学语文呢？为了提高我们的语言交际能力？为了提升我们的语言文化素养？为了传承中华文化？还是仅仅为了高考那150分？我想都有吧，只是各种理由有主次之分。其实语文对人的影响是潜移默化的，我们很难说出它对我们的影响在哪里，但它又无处不在，遍布各处。语文带领我们领略古今之哲思，带领我们体会文化的博大精深、完善我们的人格，教会我们处事之道，如何辨别是非，等等。学生如果都不知自己学语文究竟是为何，那么在语文课堂就很难谈得上高效。

影响高效语文课堂的不只是学生，老师更是关键。授课的是老师，老师的言行直接决定课堂的质量。说到高效，我便忆起我初中的一位语文老师，他在40分钟的课堂上讲述授课内容的时间往往不到15分钟，大部分时间他都和学生打成一片，讲笑话、聊天、说故事等，课堂上往往笑声连连，学生的情绪高涨。这时他突然严肃起来：“好了，不废话了，现在来讲课，认真听！”我们的情绪都被他带入了课堂教学中，即使他讲课时间不长，我们还是学到了很多东西。这应该算得上是高效吧。但是这位老师也只是在那15分钟左右的时间高效啊，而且有时还会适得其反，学生沉浸在欢乐中无法自拔，花很长时间还回不到本节课的学习任务上来。真正的高效应该是课堂上的全程高效。这当然是不容易的事情。

老师应该让学生情绪高涨，全神贯注。学生不专心听讲的课堂是谈不上高效的，而如何让学生保持饱满的精神状态，专心致志地听讲则考验了老师的教学能力。对于一些学生来说，学习语文枯燥且无味，那些看似无味的诗词文字根本无法提起学生的兴趣。如果老师能够将这些知识内容以有趣的形式讲述出来，那么必定能让学生保持专注，效率也就提高了。以前教过我的一位张老师，特别会调动学生的积极性，她在课堂上分小组，按课堂表现评优劣，最后再以小组为单位进行奖罚。当然现在也有很多老师这样做。这不失为提高课堂效率的一个好办法，但是我几乎没有在语文课堂的教学中经历这样的教学模式，这就有些许我让疑惑不解，也许是语文教学的局限性？不过这只是一种方法，提高课堂教学效率还有很多办法，这就要老师们去琢磨了，小生在此也无计可献。

在一个高效的语文课堂上，学生的参与度应该是很高的。有一个现象是普遍存在的，大部分老师都喜欢提问成绩好的同学，一节课下来，就像是老师和那几个同学的表演，其他同学都是观众，甚至是“路人”。一节高效的语文课是针对全体学生来说的，如果只是少数人参与对话，效果是很差的。所以老师应该从整体出发，以全班为主，兼顾每个学生，实在不行也要兼顾大部分的学生，不要让学生有被忽略的感觉。

高效的课堂，老师和学生的关系应该是和谐欢乐的。在这样的课堂上，学生不会过于拘束，而是愉悦放松的。老师和学生能毫无保留地交流，学生会畅谈心中的困惑，如此这般，课堂定能高效。

授课的目的是让学生掌握一定的知识和技能，在高效的课堂上，达成这个最基本的目的是首要的。当然这也是学习的目的。然而在课堂上，必定要完美地完成这个任务才称得上高效。当然，不止于此，真正意义上的高效是要学生将学习内容掌握透，而不是不求甚解。

以上是我对高效语文课堂的一些刍荛之见，价值不大，勿怪。

四、我心目中的语文高效课堂

语文不仅作为一门学科在高考中占据重要的地位，而且还包含了中华民族上下五千年的优秀文化。语文，渗透我们生活的方方面面，因此，提高语文课堂效率不仅在学生的成长历程中是重要的，而且在一个国家和民族的发展历史中都是相当重要的。

在我看来，一个高效的语文课堂应该是这样的：

首先，在语文课堂中最重要的是学生的参与度。我们在语文课堂中应该让学生有参与感，而不是灌输式的教学。语文课堂要让学生真正成为课堂的主人，让学生敢于在课堂上提问题、善于在课堂上提问题、善于在课堂上讨论问题、善于在课堂上解决问题。灌输式的教学只是让老师完成了自己的教学任务，而学生的学习效果却并不好。在我过去的学习经历中我也经历过老师灌输式的教学方式。在我看来，上完一节灌输式的课后，我只感觉自己上完了一节课，而不是懂得了一节课。在这样的课堂中，我只能把学语文当成一种任务，而不能当成一种文化，在这样的课堂中我很难感受到语文真正的文化魅力，难以真正体会学习语文的快乐。

要提高学生在课堂上的参与度，老师必须敢于放手，让学生自己动手去做，让学生自己去感受语文的魅力。而在这个过程中，小组学习无疑是一个非常有效的办法。同学们在小组学习中可以交流自己的意见与看法，可以激发自己想不到的方面、层面，可以拓展思维，可以看到语文的真正面貌。在小组中，学生也更容易产生问题，更容易提出问题，这样老师就能够更有针对性地去解决学生的疑惑以及学生学习存在的盲点误区，这样也会让学生对语文课堂产生更大的兴趣，提高语文课堂的效率。

其次，要注意的是语文课堂所传授的内容。语文绝不仅仅是一门学科，更是一门语言，是一门博大精深、源远流长的语言。语文不仅蕴含了丰富多彩的中华优秀传统文化，而且包含了许多当今现代化的信息。因此，教师作为一个语文课堂上的传授者，绝对不能照本宣科、唯书本论，而是要将一堂语文课上得生动有趣，语文课堂的传授者需要有丰富而且广博的知识。这些知识不仅是语文方面的，而且要涉及地理、历史、政治等各个方面的内容。例如，我们在语文学习中会遇到古诗、文言文等，而在古诗、文言文中会蕴含许多历史典故、历史故事、历史人物等，这就要求语文老师有丰富的历史知识；我们在赏析古代的诗歌等文学类的作品时也经常会遇到节气、地理环境等与地理相关的知识，因此语文老师对地理知识也应有所涉猎；在引导学生了解现代的许多文学作品时，政治知识也显得不可或缺。诸如此类的例子还有很多，这里就不一一列举了。

老师要丰富课堂传授的内容，阅读量是非常重要的。读万卷书，行万里路，这应成为每一个语文教师的目标与准则。语文老师也应拥有好奇心，遇到不懂的问题，一定要积极地去解决，而不要不懂装懂。每解决一个不同的问题，都是对自己的丰富与升华。老师在教学中应相信教学相长，“闻道有先后，术业有专攻，如是而已”，老师也应不耻下问，也要勇于向学生请教。

要造就高效的语文课堂，教学的方式也是不可忽视的。老师在课堂中要与作品产生共鸣，要与学生产生共鸣，要与自我产生共鸣。因此老师在语文课堂中可以采取多种教学形式，如游戏、知识竞赛等。但在这个过程中，老师也应该把握好分寸，不应该过度放开。毕竟在高中的学习生活中语文还有一个重要的角色，也就是一门学科。高中的语文课堂不能仅以娱乐引起学生的兴趣，而应该注重语文学习任务的完成。

既然语文在高考中也是一个重要的角色，那么接下来我想从高考题型的几个方面谈一下高效的语文课堂应是怎么样的。

总的来说，在高三的备考复习中，高考的考纲与课标要求必须贯穿复习的整个阶段，也就是需要贯穿语文课堂的整个阶段。我们在享受语文魅力的同时，也不能过分美化语文这门学科。作为一门学科，我们必须紧紧围绕着高考。要提高语文课堂的效率，老师必须在上课前就充分了解考试的要求以及上课需要解决的问题。

1. 论述类文本阅读

关于论述类文本阅读，无论是老师还是学生，在解题的时候都必须抓住“三重比对法”。在复习论述类文本阅读的过程中，我们必须多加练习。巧妇难为无米之炊，练习是了解出题规律的基础。老师在为学生准备题目的时候也应抓住典型例题，不要泛泛做题，胡乱做题，盲目做题。在做这一类题时，技巧十分重要。与此同时，学生做题的心态也非常重要。学生必须保持良好的心态，解题的时候保持冷静，认真比对原文与题干信息。在复习这一类题时，老师要传授必要的解题技巧，学生也自己感悟不同题目的出题规律。

2. 文学类文本阅读

文学类文本阅读分为小说阅读与散文阅读两种。语文在复习的过程中绝对不能有所偏颇，而要两手抓稳。不到高考那一天谁也说不准高考到底会考哪一类。①在小说阅读中，我们必须抓住小说的三要素：人物、情节与环境。与此同时，小说的主旨也是不可忽视的，在近7年的高考中，我们不可忽视的是时代的主题，我们必须高扬时代主旋律，培育和践行社会主义核心价值观。②在散文阅读中，我们则要抓住散文形散神不散的特点。在学习散文的过程中，我们首先要抓住散文本身即赏析句子词语，体会散文本身的文学色彩；除了散文本身之外，我们还要看到散文问题以外的东西即散文创作的时代背景，作者想要表达的思想感情以及愿望等。

3. 实用类文本阅读

就目前的高考语文阅读来看，实用类文本阅读主要考查两个方面：一是人物传记阅读，二是非连续性文本阅读。在实用类文本阅读复习的过程中，老师在课堂上也要坚持做题与技巧相结合的教学方法，让学生了解高考考查的范围以及考查的方式。非连续性文本阅读则涉及更多的知识，包括时评、图表、新闻消息等。因此在非连续性文本复习的过程中，老师除了要引导学生多做题，也要引导学生多关注课外的时政新闻，多去解读时政图表，多去了解人物评说，等等。通过这样的课外的了解，学生不仅增强了解题的能力，而且也增加了对时事政治的了解，以此提高综合素养、思维理解能力，由此促进解题能力的全面提升。

4. 古诗文阅读

古诗文阅读主要分为文言文阅读与古代诗歌鉴赏两个方面。在我看来，在这一部分的考查中，尤其是在文言文阅读中，学生的基础知识积累是十分重要的。因此老师在引导学生进行文言文的复习时要注重基础知识的梳理与积累，文言实词、虚词、古今异义词、通假字、词类活用、常用句式等全都要掌握。只有在掌握这些基础知识的前提下，学生在做题时才能如行云流水，提高做题效率，提高做题的正确率，提高做题的速度，节约做题的时间，防止出现在文言文部分因看不懂文章而做题速度减慢的情况。与此同时，在古代诗歌鉴赏题中我们也需要掌握一定的基础知识，如诗人写诗时常用的意象、表现手法、艺术手法。我们对于一些比较常出现的历史典故也应有所了解，这样我们才可以更加准确地把握诗歌中诗人所传达出来的情感。在我看来，在古诗文阅读的备考复习中，我们不应该只关注题目本身，而应该有整体意识，将在备考复习做题过程中遇到的每一篇文言文，每一首诗歌读懂，不断积累相关文学知识，将大大有利于我们对古诗文的理解。

5. 名篇名句默写

名篇名句默写在高考中就相当于一道送分题，但这必然是以学生已经掌握高考必备64篇文章为前提的，因此老师必须加大检查的力度。

6. 语言文字运用

语言文字运用题在高考中的变化比较多样，因此，老师在引导学生复习时要多方面、多层次、多方位。语言文字运用题的练习要贯穿语文高考备考复习的全过程，在练习中不断提高学生解题的能力。

7. 写作

作文水平的提高不是一朝一夕所能实现的，这是一个长期积累的过程，因此，在语文写作的高考复习中，老师要引导学生多积累、多阅读，写完作文之后要分析范文，提升自己的作文，不断升华自己的写作能力。

五、我对语文高效课堂的看法

从当前来看，语文在高考中占有重要的地位，同时，语文蕴含着中华文化上下五千年的精华。在语文这一学科上，我成绩虽然不是很优秀，但从始至终热爱着语文。在学习语文的路上，我能发现自身存在的问题。我心目中的高效课堂应该是这样的。

1. 以学生为主体，重视学生的参与度

我们需要的不是老师整堂课都在灌输内容，爱尔兰诗人也曾说过：“教育不是灌满一桶水，而是点燃一把火。”我们需要的就是老师点燃一把火，教会我们怎么去学，教会我们怎么去感悟，教会我们怎么去体会语文独有的魅力。若只是撒网式教学，整节课下来，学生能感受到的是：我只是上了一堂语文课，而并不是我真正理解了什么，懂得了什么，更别谈体味其中的语文魅力了。若在课堂上让学生有参与度，以学生为主体，课堂便有了生机，有了活力。有学生间的互动，有师生间的互动，一节课就不会是死气沉沉的课堂。打造以学生为主体，让学生有参与度的高效课堂，可以以小组为单位，让学生参与其中，进行讨论，在讨论中理解问题、发现问题、解决问题，并从中总结出这最一般、最本质的规律。在这一过程中，老师要敢于放手，相信学生，相信学生能解决问题，相信这种课堂不是无效的课堂。只要点燃了这一把火，就能燃起学生心中对语文的喜爱，让学生对语文有更深的理解、更透彻的感悟，高效课堂才不会远在天边。

2. 在以学生为主体，让学生有参与度的同时，老师要重视教学内容

语文，不仅是一门学科，还是一门语言，更是包含了上下五千年的中华文化。从语文中我们可以感受到中华文化博大精深，源远流长。教学内容固然需要依靠考纲，但是我们可以将教学内容个性化，制定出适合学生成长发展的教学内容，让学生感觉到这个教学内容适合自己、符合自己，让学生爱上这一教学内容，进而爱上语文这一学科。教学内容的制定可以征求学生的意见，看看学生有什么想法，老师再结合考纲等制定教学内容。语文不仅包含了传统文化，还与现代文化相融合。语文教学内容不能只是唯书本论，照本宣科。当今语文与时政紧密相连，我们需要关注时事，感悟其中与语文相关联的事物，感受国家要传递给我们的信息。这就要求学生与老师有高度的敏感性，关注时事新闻。

3. 重视教学方式

在教学中，可以创新教学方式，但老师要把握好分寸，不能过于死板，也不能过于开放。教学方式采用的好，可以提高学生的参与度，培养学生与老师的互动能力。同时极大地提高课堂的活跃程度，做到在活跃中学习，在学习中得到提升。但我们不能在课堂上以娱乐为主，还是要重视高考考向，以获取知识为主，培养解题技能，提高解题能力。

4. 挑选好课后作业

课后作业要与课堂内容相符合，做到有针对性，能巩固课堂所学，进一步提高能力，感悟其中精华。在我看来。课后作业不在多而在于精。俗话说得好，浓缩的就是精华。我们需要的不是题海战术，而要把题做精做透，感悟出题人的意图，破解到位。同时，老师需要监督学生课后作业的完成情况，做好登记、辅导，为下一次课后作业的制定做参考。我相信课后作业制定得好，不仅课堂内容能得到巩固，而且学生能在课后作业的解题中进一步感悟其中的内涵。

六、在高中学习语文的历程上，对语文一直拿捏不准，主要体现在以下方面

1. 论述类文本

对论述类文本阅读题能找到选项与文本的对应点即能定位准确，但是对于有迷惑性的词语、句子不能很好地排除。

2. 小说文本

（1）抓不住文章主旨，感受不到作者要传递什么信息。虽然知道小说主旨都是主旋律，是正气的。

（2）能感受到人物形象，但不能准确概括。

（3）日常按套路答题，但是出卷老师已经准备好了反套路的题目。

3. 非连续性文本

我是这样做的：①选择题，先看选项，再找对应点，然后研究图表和材料内容，就大概可以判断了；②客观题，（据我研究）大概是一个材料一个点，要分主体解答。

4. 文言文

（1）最重要的是看懂文章，看懂了就基本可以解决两道选择题（断句题与文本节选概括题）。

（2）文化常识重在平时积累，但实在不知道还可以结合文本理解去猜。

（3）翻译题：要判断主语，缺主语的补主语；看看有没有固定句式；位置有没有要调换的。

（4）平时联系时可以把原文和翻译文对照着来逐字逐句翻译，把不懂的圈出来。

5. 诗词鉴赏

（1）首先还是要看懂，结合注解，大致了解诗词内容、情感。

（2）不能忽视作者的经历，可以把自己带入文本，想象自己会有什么样的心理感受。

（3）对表现手法要有一定了解（实在不行还能硬套）。

6. 语用题

（1）注重积累，结合语境。

（2）观察选项，排除迷惑项（本人认为这种题排除法很好用）。

（3）图表题要注意总分，但是一般都会有字数限制，在把握字数上有点费时间。

（4）串词这一类很迷茫。

7. 作文

（1）解读材料，把握立意。

（2）把握结构。

（3）运用名言警句。

七、我对高效语文课堂的认识

所谓的高效语文课堂，指的是学生在课堂中效率能够提高到最高水平。我对高效语文课堂的认识如下：

（1）在课堂上，学生与老师能够有良好的互动。如果老师只是在课堂上讲课，而学生只是在下面听，双方没有互动，学生听课会没有动力，而老师讲课也会感到疲惫；没有学生的互动，老师会觉得学生没有认真听课。所以要想打造高效语文课堂，首先必须让学生与老师之间有良好的互动。比如，上课的时候老师提问，学生能够积极踊跃地参与回答；在学生回答对的时候，老师能够给予肯定，如果答错了，老师可以再给一些提示，让学生不至于感到尴尬，或者不想再次回答问题。

（2）我认为如果在高效语文课堂之中，讲课老师的幽默与否也是影响课堂效果的重要因素之一，因为一个人的情绪是很容易感染他人的。一个幽默的老师能够给学生带来愉悦的感受，能让学生在上课的时候感到兴奋，而上完课之后学生会觉得余味无穷，对下一节语文课满怀期待。学生对上课的兴奋度提高了，积极性也就自然提高了，高效的语文课堂不就自然而然地形成了吗？

（3）作为高效的语文课堂，仅仅传授课内的知识是远远不够的。老师在上课的时候应能够联系其他相关的知识，学生也应该具备举一反三的能力。老师要引导学生将不同的知识点串在一起，形成对这一个知识点的新认识。例如，在讲课的时候，能够联系当下时政，给学生讲一些新闻，让学生自由发挥，畅所欲言。课内学到的知识是大家都共有的，是必须掌握的知识，而一个人掌握的课外知识，才是真正能够体现他的语文修养的知识。例如，必修课本之中的孔子语录，是大家都需要掌握的，但是在选修课本《先秦诸子选读》中，如果你掌握了更多的关于孔子的语录，运用到了其他的方面，如在作文之中，这就让你的作文提高了一个档次，因为你掌握了别人所不具有的知识，又或者说联系到了一些相关的时政，则能让你的作文体现对国家大事的关心，对当今社会的清晰认识，对民生的关注，这较好地体现了一个学生的修养。

（4）在课堂之中，学生的状态也是影响课堂效率的重要因素。要想达到高效课堂，则学生的状态要达到良好。在一个语文的知识点上，不能够讲太长的时间，要让学生有自由发挥的时间，充分讨论以及交流，把不懂的问题收集起来，老师再讲，这样能够让学生对一个知识点了解得更通透。

另外，我希望老师能够在课堂上讲古诗的时候，将作者的生平经历以故事的形式呈现，特别是他在写这首古诗的时候所经历的事情。通常以故事呈现，比一般的平铺直叙能够带来更大的趣味性，更好地调动学生的积极性，学生能够接受更多的知识。一般来说，如果只是平铺直叙，则遗忘的可能性会大于以故事呈现的知识。另外在讲古诗的时候，最好让学生形成自己的见解。

八、把语文课变成浪漫的文学之旅

语文课是浪漫且带着文学的热度与情怀的。

与其用三年的时间重复地带着学生熟悉那些公式般的枯燥“答题模板”“答题套路”，不如从一开始就带着他们共同去寻找文学的共鸣，让他们切身地感受文学之美、文字之美。很多人觉得这是无法实现的幼稚幻想，但世事无绝对。

当文学真正走入了学生的内心，学生具备了独立的文学审美与鉴赏能力，应试纵使无“模板”，亦不成难事。

1. 作文课：从自由中感受创作的快感

作文先是“自由创作”：没有题材、体裁和字数的限制，想写什么写什么。

每周的周记，更不拘泥于内容、形式、篇幅……可以以任何形式写自己想写的一切，包括愿意说给老师听的秘密、倾诉，甚至是抱怨。这不仅是师生平等交流和沟通的一种形式，亦是对学生自由创作的一种隐形的鼓励。

这不是“放羊”，而是让同学们充分体验创作的乐趣，学会用文字去表达内心。从自由创作中，把作文变成作品，把任务变成抒发。只有学会把每一篇作文都当成自己从心而发的作品去完成，才有可能写出真正好的文章。

而在自由创作的过程中，积累文思，从创作的快感中攒下创作的热情，未来才能更自如地掌握各类话题、各式题目的写作。思路打开了，才会对各种有限制、有范围的题目“下笔如有神”。

这就如同上文所述在真切感受中寻找文学共鸣。有的人会问，老师能做到每堂语文课都走出去上吗？当然不能。但我们只有先体验了被文学“击中”内心的过程，激发起内心对文学的兴趣或者哪怕是好奇，那以后每一堂坐在教室上的语文课，我才愿意全身心参与和投入进来。

比如，师生可在课堂上讨论《祝福》《钗头凤》《孔雀东南飞》《江城子·十年生死两茫茫》等作品，以真实的情感去体会和鉴赏。而这种体会与鉴赏的热情和能力就来自最开始我们共同寻找的“文学共鸣”的过程中。

写作也是这样。只有爱写、不怕写，才能慢慢写好、写精。

在作文课上，每一位同学的作文都有机会被当作“范文”。有的同学不善写作，甚至“惧怕”写作，但是他们的文章中也不乏一些妙句。老师可单把这些句子挑出来，让大家共同欣赏。有的同学在听到自己所写的句子或段落时特别惊讶，他们说“从来没有老师表扬过我写的东西”。这也是一种激发自信和热情的方式，让怕写的同学敢于写、愿意写。

而“范文”的欣赏和点评，不是老师一个人说，而是大家一起畅聊。每一个人都可以谈看法，就像平时“聊课文”那样。哪里写得特别好，哪里如果怎样写会更好……你一句我一句，不知不觉间，大家自己就把写作的“技巧”全部总结出来了。

2. 阅读：鼓励学生多阅读

阅读始于识字之初，甚至是识字之前，每个人在孩提时期都有指着街上的广告、商铺招牌一字一字认读的经历，这就是阅读的雏形。而随着人渐渐长大，认字的水平越来越高，已经开始不满足于正确地读出一个字时的成就感，而开始对阅读的内容产生好奇时，他就要开始读书了。

所有学生都是读书的，而语文素养的区分在于读什么，怎么读，能不能坚持。

一个有素养的学生能够区分出一本书的时效。一本言情小说、一本参考书、一本名著，都是人类智力与体力的凝结，去读它们也都可以称为读书。一个有素养的学生应该能够区分出三者的区别：言情小说或许能够给人一时的愉悦，看过以后却什么都不会留在记忆里；参考书对升学固然有用，然而高考后也会迅速地被忘诸脑后；经典名著给人的教育则是永恒的、无法磨灭的，通过阅读名著得来的思考与精神洗礼，可能会伴随人的一生。如果能够清楚地分辨这些书籍的时效，那么我相信，每个人都能够做出选择。

在选择了正确的书后，阅读方法就成了素养的又一标志。再好的书如果只是利用挤公交的时间哗啦啦翻过去，那么从这本书中汲取的养分必然微乎其微。就我的阅读体验来看，一本好书至少值得阅读两到三遍：第一遍略读以满足自己的阅读兴趣并了解书的内容与结构；第二遍精读以摘抄、把握整本书的布局以及其中一些巧妙的铺垫与伏笔；如果还能再读一遍，我就会抽时间写一些类似专题研究的心得，如对整本书思想的一个探讨，或者对书中某种表达的质疑。我认为，只有当你抱着学习的心态去品味、去研究、去思考甚至去质疑书本时，它于你才算得上有意义。

除了阅读方法外，读书应当是一件精细而持续的事情。与填鸭般在假日里一天读十本书相比，培养细水长流的读书习惯无疑更为重要。读书的目的不在快、不在多，而在于从书中汲取营养，在于通过整个阅读过程修养一颗宁静而富有感知力的心。阅读实在是一个有益的习惯，即使是抱着功利的目的，如果能因此潜下心去读书，也是大大的好事。读书多了，就会培养出语感。语感是一种玄之又玄的东西，你叫一个有语感的人去做卷子，他或许并不能清楚地告诉你那些字词的正确读音与写法，也没法给你讲出来阅读题的答案为什么该是这个，因为他做题目凭借的不是系统的训练与大量题目的积累，他没有那种足以归纳成经验的东西，但是，他能做出最正确的答案。这就是语感。为什么说读书能够培养语感呢？这是因为世界上的任何一本经典都是时间沉淀下来的精华，其中的字词语句都是最为准确、质量最为上乘的。当一个人见多了经典、熟悉了经典中语言的运用方式，他再回过头去做题时，很容易便可在试卷上找到正确的东西，因为他一直以来都在阅读着那种语言的“正确”。学英文我们讲究读原著，是同样的道理。没有什么比读书更能培养语感，没有什么比语感更能保证分数，这就是阅读最为显性的益处。

3. 关于具体题目

老师可在课堂上谈谈我们该透过试卷上的文字看到什么，拿试卷中分值最大，拿分也最难的阅读部分举例。

首先要明确的是，文章这种东西，不管是何种题材、篇幅长短、何种文体，归根结底就是四个字：含道映物。可以把“道”理解成作者想要表达的本意，也就是他的写作目的；而“物”是文章本身，包括他的一切语言组织形式和他在文章中运用的物象。含道映物，也就是说作者是带着他的目的去写这篇文章的，文章里的一切都要为这个目的服务，都是这个目的的映像。明确了这一点，等于直接抓住了阅读题的答题技巧——无论是手法或作用分析、画线句赏析还是含义理解，都属于对于“物”的发问，而我们要做的事则非常简单，就是找到作者的“道”。

举一个例子，鲁迅的短篇小说《药》中，开头那段环境描写简单却很经典，现在我们来看这个环境描写的作用。

遇到这种题不要去想五三教辅的那些东西，如果我们一看到“分析环境描写的作用”就在记忆中找辅导书上列出的一、二、三、四、五，能拿到平均分，但一定会丢落要点；而平均分是没法令学生和其他人拉开差距的。

这时我们带着“含道映物”这几个字去看鲁迅的“道”。他写环境也好、华老栓等人物也罢，目的都是歌颂为革命牺牲的夏瑜，他是在支持革命、批判当时的反动派，同时用他的笔去揭露封建环境下人们的愚昧无知与贪婪残忍。当学生明确了鲁迅的写作目的后，那段环境描写的作用就很清楚了——暗示时代大背景、揭露反动派嘴脸、突出群众的愚昧与麻木、为后文做铺垫、蕴含对革命的希望。

所有的阅读题都是这样的思路，而语文试卷上的绝大多数题目的解答思路和这种阅读题并无两样。只要明白了出题人想考查的是什么，根据他的目的，很容易便可做出解答。

答题，可以有经验，但不应该有固定的模板。如果学生对于不同的试卷都用相同的模式去解答，战战兢兢地计算着自己能得到的分数，那么就太被动了，“标准答案”几个字完全框住了你。我觉得作为学生应该跳过从答案分析题目的被动阶段，转而从题目本身出发来寻找答案。只要仔细寻找，就一定可以从题目的蛛丝马迹中找到出题人想要的东西，一切试卷都是对学生能力的考查，而不是对标准答案的要求。所以，解答试卷时应该尽可能地体现能力，通过答案去和出题人、判卷人交流，让他们知道学生明白他们的“道”，也就是说他们要考查的是什么。

九、我看语文高效课堂

语文无论是在高考还是生活中都非常重要，而我们虽然身处母语环境，但是中华文化博大精深，很多优秀传统文化需要了解、传承。我们需要在课堂上接受教育，于是高效课堂便显得更加重要。

其实怎样的课堂是高效的？生动有趣，扣人心弦的？引经据典，头头是道的？解析典题，举一反三？标准很难说，且不同阶段更是有所不同。令我印象深刻的语文老师大多是初中的老师。我还记得初一的语文老师是个女老师，她上课不紧不慢，带一股儒雅。她讲文言文不枯燥，为了学生好地理解课文还让学生以小品戏剧的形式表演出来，别人学文言文都一脸痛苦，我们却欢喜不断。这样算不算高效课堂？初三语文老师是个男老师，说话“抑扬顿挫”，气排江海，他上课喜欢讲故事，历史故事、人物故事，碰上欣赏或了解的作者就喜欢放开了讲，抛开进度，当年讲到徐志摩的诗愣是花了两三节课讲徐志摩，讲到李清照的诗，一顿激动，让我们了解她的生平，家族兴衰。大家都喜欢听他讲故事，看视频，以一种别样的形式了解历史上的“星星”。但是他们都没有格外重视传统文化。即便是讲文言文跟历史故事让我们了解华夏文化篇章，但我们并未深入地了解中国传统文化，所谓的母语环境，没有了传统文化的语文，终不成语文。直到高三，老师开始比较深入地介绍一些传统的文化，如对对联儿，赏析《道德经》等一些中国哲学著作，鉴赏优美古诗词，花了时间花了心思，才觉得传统文化是那么迷人。也许正是这种感知，这种兴趣，才会给后面学习语文提供些许动力，如若问我什么样的课堂才算高效课堂，我的回答是让我们真正领略到语文的魅力，让我们深陷其中的课堂便有高效可言。

高考是选拔人才的一种制度，但其中有一个不变的主旨，那就是传承传统文化，无论是文言文阅读还是诗词鉴赏，语言的成语应用，谦敬辞与书面表达都是其中的折射。高考语文题型，尤其是语言应用类题型几乎年年变，但其不变的是目的——让学生掌握最基本的语文素养、阅读能力、鉴赏能力、写作能力。既然我们仍是要应付高考，对传承传统文化就不是细水长流，抑或是牛嚼牡丹，而是应该努力掌握一些基本的知识，培养兴趣。传承传统文化是一辈子的事情，不在一朝一夕，有了兴趣，日后深入便是。但是高考不一样，高考的初衷也是让同学们掌握一些基本的知识，培养兴趣。由此一来便知高效课堂的途径，无非是它要我们会什么我们就会什么。论述类文本需要我们获取信息、整理信息、比对信息，那么我们就应该学会比对，逻辑清晰，明晰陷阱；文学类文本阅读要我们有基本的赏读能力，理解作者表达的情感，了解一些基本的写作技巧及其作用。于是其问题也无非是对形象的解读，对主旨的把握，以及考查写作技巧的作用，如环境描写、结局设定等。实用类文本偏实用，大多考查人物传记和新闻材料，需要学生具备总结能力，如问为什么他能取得这样的成就？他是个什么样的人？需要发现问题解决问题的能力。又如问目前有什么问题？该怎么解决？这时候我们需要从材料中总结，分析借鉴表达自己的观点，重要的是题不离文，答不离题，有几点答几点，不重复不遗漏。文言文阅读题型考查断句、文学常识、文章细节与翻译，需要我们能读懂简单易懂的文言文，当然为了更好地传承中华文化，理解古人的“语言”至关重要，对于这些日常生活不常用的东西，我们平时应该多积累，保证见过再遇便不再错，平时多读练语感，渐渐地便能体味文言味道。古诗词对我们来说并不陌生，从小我们就朗诵诗词，到了高中诗词鉴赏仍是“心头大患”，但倘若我们有了兴趣，做题便成了赏析，与诗人对话理解他的感情便对人生多了几分认识，倘若无兴趣，那也就只能懂个大概，应付做题。其实高考题不仅是为传承文化，也是让我们在多愁善感的时候文雅一番，添点情趣，更是让我们在汉语热的今天与明天更有话语权。明白之后便是研究题型，无非是情感，表达技巧的理解。语言应用题题型多变，种类繁多，不能靠小聪明取巧，需要一项项过关；作文考查我们的语言应用能力，需要我们有独立的思考、观点并能将其很好地表达出来，需要我们关心时事，写作时联系实际，不能泛泛而谈。

所谓高效课堂，无非是我们知道考什么，怎么考，会不会、能不能考，有没有兴趣、有没有动力。在我眼里，高三的语文高效课堂应该是引导学生了解传统、热爱传统，理解考纲、掌握考试技巧，与命题老师博弈，用兴趣与努力做武器，赢得高考。

下 篇

名师工作室学员评教案

《“布衣总统”孙中山（节选）》教学设计

一、教学内容

高中语文粤教版必修1第二单元第4课。

二、教学目标

（可在其中标明重点、难点）

（1）解读孙中山的简朴的形象，挖掘其宝贵的精神内核“民族独立、民主自由、平等博爱”，理解他为解放布衣而牺牲的精神。（教学重点）

（2）学习、传承孙中山的精神，担当民族复兴大任。

（3）激发阅读《“布衣总统”孙中山》全书的兴趣。（教学难点）

（4）学习以小见大的手法及把握传主形象的方法。

三、教学目标确定依据

（1）学生方面：当代青年肩负国家和民族的希望，需要有奋斗的精神、追梦的精神。他们一定知道孙中山的名字，但不一定了解孙中山。

（2）教材方面：本单元的教学目标就是要让学生了解传主的生活经历，体会传主的精神品格，规划好人生目标，做奋斗者。本篇节选自陈廷一的长篇传记作品《“布衣总统”孙中山》——原名为《世纪伟人孙中山》，主要讲述孙中山的日常生活细节，展现他的简朴淡泊、崇尚平等民主的精神，对学生有激励作用。

（3）《普通高中语文课程标准》方面：提出“语言建构与运用”“思维发展与提升”“审美鉴赏与创造”“文化传承与理解”的核心素养目标，特别提到要研习中国革命文化作品，深入体会峥嵘岁月中的伟大人格。

四、教学活动基本流程

（可用图、表）

初识总统的简朴淡泊—挖掘简朴的精神内核—激趣读《“布衣总统”孙中山》全书—学习伟人立大志。教学活动具体安排如下（具体规划每一个环节的学习活动安排）。

1. 初识总统的简朴淡泊

由几张现代流行的布衣材质的服饰图片，引出布衣的相关知识，提出为什么称孙中山为“布衣总统”的问题，让学生走进文本，自主阅读，圈点勾画体现“布衣”色彩的词，找出称他为布衣总统的理由。学生很容易找到“简朴”等关键词及衣食住行等基本事件，初步感知总统简朴淡泊的形象。

2. 挖掘简朴的精神内核

让学生合作讨论：第8自然段、第15自然段以及后面写辛亥革命成果的段落是否多余，因为这些段落看似偏离了布衣的简朴，实则是他的精神内核所在。引入慈禧太后60大寿奢靡的例子，以及他和宋庆龄卖掉朋友赠送的立身之所来支持革命的例子，帮助学生挖掘出“平等、民主、博爱”的精神内核，并理解称他为“布衣总统”，不仅因为他过着布衣般的生活，还因他为布衣幸福而牺牲的精神，并总结“以小见大”的写作手法。

3. 激趣读《“布衣总统”孙中山》全书

先让学生推敲字词比较书名《世纪伟人孙中山》和《“布衣总统”孙中山》的不同，学生讨论后得出：前者高大上，让人有距离感；后者更显人情味。补充本书的内容简介以及我的阅读体验、作者的再版说明。要求学生全面深入了解孙中山，理由：①他是百年中国的伟大人物、民主革命的先驱、中国的伟大先行者，他唤醒了中国睡狮，推翻了封建帝制；②祖国当前还没有完全统一，两个一百年的奋斗目标和中华民族伟大复兴的中国梦还没有实现，需要我们继承学习发扬孙中山百折不挠的意志和为布衣而牺牲的精神。

4. 学习伟人立大志

先让学生谈本节课的收获启示，再总结本节课的内容及阅读传记的方法。布置家庭作业：①阅读《“布衣总统”孙中山》；②写一段话开导沉迷于玩手机的同学。

五、预设问题

（拟在哪个环节中、在什么教学情境下提出什么问题）

挖掘简朴淡泊的精神内核，紧承第一环节把握孙中山“简朴淡泊”的形象。让学生合作讨论：第8自然段、第15自然段以及后面写辛亥革命成果的段落是否多余，因为这些段落看似偏离了布衣的简朴，实则是他的精神内核所在。

六、预设问题讲解概要

1. 学生展示交流讨论结果

第8自然段写他“谨慎有条理”，可以删。第15、18等自然段突出孙中山崇尚“平等、民主”，理由：①从辛亥革命的成果看出孙中山“民主、平等”的观念深入人心；②多次书写“自由、平等”的横幅来勉励同志，可见这几个字是他的信条；③联系前后文他多次说“总统不是皇帝，而是公仆！”，看出他平等意识较强。觉得不该删，但是不清楚理由。

2. 深入引导：补充《“布衣总统”孙中山》中的例子，启发学生思考

事例一：外敌入侵不断，民不聊生之时，慈禧太后60大寿就花掉白银219万两，新建工程景点60处，新准备寿辰戏剧30部。鉴于外部战事吃紧，经费拮据、民怨沸腾，有人进谏，要求太后缩减景点工程。她听后龙颜大怒：今日令吾不欢者，吾亦将令彼终身不欢。

事例二：孙中山与宋庆龄婚后，他们一直没有自己的房子，朋友买下房子送给他们夫妇。从此，这对革命夫妇在上海才有了自己的住房。后来，在中国革命最需要资金的时候，孙中山卖掉此房，支援革命，充分体现了他们的革命风采。

3. 总结

这些段落不多余，实际上告诉我们：他的简朴源于“平等、自由、民主”的精神内核。他为革命不计个人得失。本文称他为“布衣总统”，因为他不仅过着布衣般的生活，更为解放天下布衣而献身。

附：

“布衣总统”孙中山[①]（节选）

陈廷一[②]

孙中山坐都南京后，人们喜欢以“布衣总统”称呼他。

说起这称谓的来历，还有一段精彩的故事。这个故事起自孙中山一张独具风格的名片。

话说清末名臣张之洞在任湖广总督期间，积极推行新政，孙中山对他极为推崇。一次，孙中山出洋回国，途经武昌，特地到总督衙门求见。孙中山掏出自己那张只印有姓名、籍贯的名片来，在背面写上“学者孙文求见之洞兄”字样，交门官递上去。张之洞一见好生不悦，心想一介儒生，竟然与一品大员称兄道弟，真是不知天高地厚，不仅拒而不见，还在名片背面写了几句话，退回了名片。

孙中山接过名片一看，只见背面写着“持三字帖，见一品官，儒生妄敢称兄弟”。孙中山明白，这是张之洞嫌他不恭，在拿架子，不肯买账。血气方刚的孙中山来了个照“礼”回敬，在名片背面又写上“行千里路，读万卷书，布衣亦可傲王侯”，再请门官送进去。张之洞一见，大为吃惊，立即吩咐迎见孙中山，并以大礼相待。由此可见孙中山虽为“布衣”，却早怀大志。

孙中山就任中华民国临时大总统以后，生活还是像过去一样简朴。临时总统府设在前清的南京总督衙门内。孙中山住着一间不大的房间，房里有四把椅子、两张茶几、一张书桌、一张床和一张沙发。墙上挂着中国大地图和世界大地图。书桌上除了文具和要处理的公文以外，还摆着一些书籍。他的房屋外面是客厅，兼做饭厅。本来黄兴要给他调换房子，他却说：“困难当然很多，但革命政府无须华丽宫殿。如无合适的旧房，搭设棚屋也无不可——总统不是皇帝，而是公仆！”

孙中山穿衣服也很朴素，他以前是穿西装，做临时大总统以后，他便把当

① 选自《世纪伟人孙中山》（团结出版社，1998年版），有删改。

② 陈廷一，当代传记文学作家。

时流行的学生装安上翻领，改成四个口袋的一种新式服装来穿。他就职临时大总统就是穿这种衣服。有一回秘书问他："您哪里弄来这套衣服？"

他含笑回答说："这个样式是我创造的，既大方，又好看，又便宜，以后要提倡穿这种衣服。我们中国人穿长袍马褂已不合时代了，穿西装又穿不起，穿这衣服最好。""中山服"就是这样来的。

孙中山的日常生活十分有条理，有规律。他起得比一般人早，用冷水洗脸。每天早晨总要把一天内将做的重要事情简单地记下来。他非常重视仪表的整洁，每天早晨都要刮胡子，刷衣服，出门的时候，还要对着镜子把头发梳好。他外表的整洁与内心的有条理是一致的，人们从来没有看到他有过烦躁不安的表情。

孙中山生活十分简朴。在总统府内，一般人每餐菜金都在三元左右，这在当时的官场上已算是低水平，而孙中山总是把自己的菜金控制在四角左右。他不吸烟，不饮酒，不喝茶，饮食也很简单，常常是四菜一汤。他每天吃饭都是用平常碗筷。有一次，厨师在桌上摆上了一套锡制的餐具，孙中山说："太讲究了，以后不要再拿来。"

一次，唐绍仪来访，一直谈到很晚。孙中山为待客，特意吩咐人到"趣乐居"买来一只卤水肥鸡。

唐绍仪饿了，见到卤水鸡，很快将它吃得一干二净，还以为会有其他菜肴，就耐心地等待着下道菜来。

孙中山见状，对唐绍仪说："慢待，慢待，没有什么好的菜了。"他想了想，只好把厨房里仅有的咸鱼拿上来。

唐绍仪说："我大吃惯了，一只肥烧鹅，我一顿就能吃完。我家虽说只有几个人，可每餐菜金就得十元啊！"仅此一点，就使唐绍仪对孙中山肃然起敬。

还有一次，南北议和代表伍廷芳到总统府求见，到了用餐时间，孙中山无美味佳肴待客，照例摆上几碟普通小菜，搞得奢侈成性的伍廷芳无法下筷。拘于礼仪，伍廷芳又不好退席，只好勉强下咽。孙中山自己却吃得津津有味。

孙中山经常利用休息时间书写"自由""平等""博爱"的横幅赠给同志，勉励他们。有时他喜欢走出总统府去访问群众，视察市政。总统府内有外国朋友送给总统的马13匹，还有友人送的1辆黑色汽车；侍从队有24辆自行车，备总统外出时卫士使用。但孙中山遇事首先想着人民。为避免惊扰群众，他总是悄悄出巡，不声不响。

有一次，孙中山穿着普通制服骑马出城，视察清廷遗留的炮台。登上雨花台时，发现那里已挂满旗帜。孙中山急问随从，原来他们出城时还是被人发现了，市民为此张灯结彩，准备欢迎大总统。

孙中山感叹道："不必惊扰众人，我们还是改道走吧！"

街上到处是五花八门的广告。许多商品换上了"共和""庆胜""北伐[①]"等新商标。在一家面摊前，人们踊跃争先剪辫子。旁边告示牌上的大字十分醒目："剪辫者免费供肉面一碗，以示奖励。"

地上，辫子堆积得像小山一样。

剪下辫子的人们喧闹着，端出一碗碗热腾腾的肉面来。

从一旁列队开赴前线的北伐军唱着新军歌：

同胞们，大家起来，唱个歌儿听，
警钟一鸣森森森，睡狮齐猛醒，
革命军，起义武昌，六合[②]同响应。
推翻满清，奔奔奔，妖氛全扫净。
……

男人剪了辫子，女子裹脚的也大大减少，吸鸦片不再被认为是一种体面的事。"民主""平等""权利"等观念越来越深入人心。辛亥革命不仅推翻了封建帝制，而且提高了广大民众的社会地位和政治素质……孙中山正感慨着，又被群众发现了。大家一齐拥上前来，顿时，里三层，外三层，一齐鼓掌欢呼："大总统万岁！"孙中山被围在水泄不通的圈圈里，行动不得。

城外警察分局局长率人赶来维持秩序，巡官拔出指挥刀挥舞，想驱散人群。孙中山见状立即派护卫去制止。他着急地说："对待老百姓不能这样！我们是人民的公仆！"

围观的群众越来越多，齐呼："大总统万岁！"

---

①〔北伐〕1912年1月4日，中华民国临时政府成立第四天，孙中山因唐绍仪辞职，议和停顿，即命陈炯明率军自广州北伐。

②〔六合〕天地和东西南北四方，统称六合。这里泛指天下。

孙中山知道不能从正门进城，便决定走旁门，护卫在前开路，围观的群众让出一条道来，他们才绕道回到总统府。南门城楼上的守城官员，只见大总统出了城去，却没见他归来，急忙分头寻问。当问到总统府号房（传达室）时，才知道总统早已回府了。

思考·探索·练习：

（1）从孙中山和张之洞的交往中，你认为孙中山表现了什么品性？张之洞当时态度的转变说明了什么？

（2）本文从哪些方面赞扬了孙中山甘于淡泊的品质？这种品质在当代青年人身上还需要吗？说说你的理由。

（3）课文中说，群众见到孙中山的时候，一起高声呼喊“大总统万岁！”你觉得这个口号表现了群众怎样的心情？这个口号妥当吗？为什么？

（4）课文引用了一首北伐军的军歌，其中“警钟一鸣森森森，睡狮齐猛醒”两句歌词运用了什么修辞格？用同样的修辞格，仿写句子。

《“布衣总统”孙中山（节选）》教学设计评析

——循序渐进实现教学目标

学习了《〈“布衣总统”孙中山（节选）〉教学设计》后，感觉这篇教学设计思路清晰，颇具匠心。优点主要体现在如下两个方面。

一、教学目标的针对性强

本教学设计从学生的阅读经验和文本的特点出发。从学生的阅读经验出发设计教学环节，可以及时探测并把握具体的学情。实际情况是很多学生只知道孙中山的名字，但不一定了解孙中山，让学生从文本中学习孙中山的形象，这样的设计更加切合学生的实际情况，使教学具有更强的针对性。

《“布衣总统”孙中山（节选）》是高中语文粤教版必修1第二单元第4课，本单元是传记教学，属于实用类文本。从文本特点出发，本单元的教学目标就是要让学生了解传主的生活经历，体会传主的精神品格，规划好人生目标，做奋斗者。本文需要教学的核心内容是孙中山的经历。本教学设计把教学重点确定为：解读孙中山简朴的形象，挖掘其宝贵的精神内核（“民族独立、民主自由、平等博爱”），理解他为解放布衣而牺牲的精神。教学重点确定得很准确，符合传记的文本特征，而且也符合《普通高中语文课程标准》要求。《普通高中语文课程标准》提出“语言建构与运用”“思维发展与提升”“审美鉴赏与创造”“文化传承与理解”的核心素养目标，特别提到要研习中国革命文化作品，深入体会峥嵘岁月中的伟大人格。

二、教学环节的安排逻辑性强

本教学设计的环节不多，但是安排的内容跟教学目标具有一致性，而且教学环节之间具有因果关联性。

本教学设计有四个环节：初识总统的简朴淡泊—挖掘简朴的精神内核—激趣读《“布衣总统”孙中山》全书—学习伟人立大志。首先是让学生初识总统的简朴淡泊，由几张现代流行的布衣材质的服饰图片引出布衣的相关知识非常自然，接着提出为什么称孙中山为“布衣总统”的问题，让学生走进文本，自主阅读，圈点勾画体现“布衣”色彩的词，找出称他为布衣总统的理由。学生通过这个环节对文本的阅读就可以很好地实现对孙中山初步感知的教学目标。接下来由浅入深、循序渐进，深入挖掘简朴的精神内核。教师没有直接讲解，而是设置了问题让学生合作讨论：第8自然段、第15自然段以及后面写辛亥革命成果的段落是否多余？这个问题能够让学生深入挖掘文本的内涵，充分利用合作学习的优势，发挥学生的主动性。不仅让学生在文本中找答案，而且补充了慈禧太后60大寿奢靡的例子以及他和宋庆龄卖掉朋友赠送的立身之所来支持革命的例子，这样就水到渠成地帮助学生挖掘出“平等、民主、博爱”的精神内核，并且在学习孙中山形象，充分解读文本的情况下帮助学生总结“以小见大”的写作手法，就显得自然了。

在教学中还充分预设了学情，布置的课内外作业也紧扣这一课的学习目标。课内作业先让学生谈本节课的收获启示，总结本节课的内容及阅读传记的方法，紧扣教学设计中的第二和第四个教学目标：学习、传承孙中山的精神、担当民主复兴大任和掌握传记阅读的方法。第一个课外作业是阅读《世纪伟人孙中山》整本书，作业设计合理。在对孙中山的形象由内而外进行学习后，学生会对孙中山其人有更浓厚的兴趣，再由文本的节选进而拓展到孙中山整本传记的阅读，这样就由课堂内的学习延展到课外的学习了。要求学生阅读《世纪伟人孙中山》整本传记，学生对孙中山的了解必然会更加全面和立体，当然对学生的影响也必然会更加深远。第二个课外作业是写一段话开导沉迷于玩手机的同学。我觉得第二个作业与本课内容联系不紧密可以删掉。

整个教学设计思路清晰，教学环节不多，但教学目标明确地体现在每一个教学环节中，并突破了教学重难点，整个教学设计结构严谨，前一个环节是基础，后一个环节是前面的提升，环环相扣，过渡自然，时间分配合理，密度适中，保证了学生学习活动的充分性和有效性。

《变形记（节选）》教学设计

——荒诞外衣下的真实

一、教学内容

粤教版必修4第三单元小说单元第3课，本课为第2课时。

二、教学目标

（1）能通过对文章情节的分析，从心理描写等角度解读人物形象，识别荒诞手法下表现的真实的人性。

（2）能分析小说表现的“异化”的主题思想，理解卡夫卡小说中“荒诞”手法的力量和意义。（教学重点、难点）

（3）开阔文化视野，初步了解西方小说和现代派文学、艺术的基本特征。

三、教学目标确定依据

1. 语文学科核心素养和课程目标

语文学科侧重对学生“审美鉴赏与创造”和“文化传承与理解”素养的提升：鉴赏文学作品，感受和体验文学作品的语言、形象和情感之美，能欣赏、鉴别和评价不同时代、不同品格的作品，具有正确的价值观、高尚的审美情趣和审美品位。理解多样文化，初步理解和借鉴不同民族、不同区域、不同国家的优秀文化，吸收人类文化的精华。

2. 粤教版必修4小说单元的目标与要求

选取古今中外不同流派、不同风格的小说，学生鉴赏其中的情节安排、人物塑造和主题思想，掌握小说特征，开阔视野，丰富审美体验，提升研究能力。

3. 学情依据

本校学生处于城乡二元结构下，课外阅读量较少，眼界不够开阔，对此类现代主义小说几乎是“零接触”，加上社会阅历较浅，不太理解生活的艰辛，大多数学生看完小说的感觉都是“好奇怪”“好荒诞”，很难理解小说的内涵。因此引导学生探究课文的写作手法和内涵至关重要。

四、教学活动基本流程

《变形记（节选）》品读课教学流程

教学内容	学生行为	教师行为	设计目的
导入课文，激发兴趣	观看图片，畅谈变形梦想	展示学生熟悉的变形图片	设置情境，激发兴趣
明确教学目标	明确学习目标	告知学生学习目标	自然过渡到新知识。力求在学习新知识的过程中保持学习的兴趣
分析人物性格	先独立思考，然后合作探究，从心理描写等角度分析人物性格	提供学习指导。引导学生探究课文的“荒诞”手法下反映的“真实”的人性	完成教学目标1。学生为学习的主体，注重学习方法的指导。让学生感受和体验文学作品的语言、形象之美
拓宽眼界，展示现代派文学和画作	通过观察，总结现代派艺术的基本特征	展示画作，推荐文学作品	初步完成教学目标3。加深学生对课文的理解，引发学生对文学和艺术的兴趣，培养审美情趣
探究文章主题	续写结局，并与原文结局对比，分析文章主题。分组讨论作者采用“人变甲虫”这一创意的原因	展示原文结局，引导学生理解“两种异化”，探讨卡夫卡小说中“荒诞”手法的力量和意义	完成教学目标2。引导学生由浅入深地理解课文，最终实现深度阅读。学生能欣赏、鉴别和评价不同时代、不同风格的作品
拓展交流	阅读卡夫卡其他作品，写出感受，准备分享	提供阅读指导，举办分享交流会	深化教学目标1、2，完成教学目标3。验证学习成果并提供反馈。引导学生由一篇文章关注一个作者，通过鉴赏文学作品，理解多样文化，在延伸阅读中实现个性解读，拓宽文化视野

五、教学活动具体安排

1. 导入

用学生感兴趣的《西游记》和动画片导入，并让学生对自己的变形梦想畅所欲言。

设计意图：消除学生与课文的隔阂，引发学生阅读和发表看法的兴趣。

2. 探究课文

分析格里高尔变形后的心理活动，探讨主人公的性格特征，探究课文的“荒诞”手法下反映的“真实”的人性。（完成教学目标1）

（1）请用一个词来形容你对《变形记》的感觉，并给大家解释一下有这种感觉的原因。

设计意图：引导学生理解文本的荒诞性。

（2）文章的情节的确很荒诞，但给人的感觉是否完全脱离生活呢？如果不是，请说说原因。

设计意图：引导学生从心理描写的方面把握主人公的性格特征，理解文本的真实性。让学生感受和体验文学作品的语言、形象之美。详细充分的心理描写是西方小说区别于中国传统小说的突出特征，学生通过分析能开阔眼界，更了解西方小说。

（3）拓宽眼界——现代派艺术。（初步完成教学目标3）

设计意图：文学和艺术是相通的，给学生介绍一些现代派文学和艺术的代表作，加深学生对文本的理解，引发学生对文学和艺术的探索兴趣，培养审美情趣。为第3个教学目标“开阔文化视野，初步了解西方小说和现代派文学、艺术的基本特征”服务。

3. 由浅入深，探究文章主题

（完成教学目标2）

（1）你觉得课文的节选反映了什么主题？

设计意图：探究小说主题，先从主人公本身的行为探究，先从浅层次理解。

（2）如果格里高尔是我们的兄长，那我们应该怎样对待他呢？发挥想象，给格里高尔续写一个结局。学生展示续写结局，然后教师投影原作结局，分析二者的不同之处。

设计意图：堂上写作，激发学生的想象力，通过讨论，探究主人公的结局，进一步加深学生对文本的兴趣，为深层次地理解文本的主题打下基础。把学生续写的结局和小说原本的结局进行对比，引导学生理解“两种异化”，从而深层次地理解文本的主题，认识在重压下人性的异化和残酷，感受《变形记》强烈的批判性。

（3）深层探究小说中“荒诞”手法的力量和意义。（重点问题）

4. 拓展交流

（深化教学目标1、2，完成教学目标3）

设计意图：引导学生由一篇文章关注一个作者，通过鉴赏文学作品，理解多样文化，在延伸阅读中实现个性解读，开阔文化视野。

预设问题；反映人性的异化和残酷的主题，卡夫卡为什么一定要格里高尔变形？生一场重病不可以吗？既然要变形，为什么一定要变成甲虫？

设计意图：深层探究卡夫卡小说中“荒诞”的力量和意义，探究人性在重压下的变化。

选择问题的依据：文章对格里高尔变成甲虫后的细节和心理描写很精确详细，而学生对这种分析也并不陌生，所以第一个教学目标比较容易实现。而由于学生对现代派小说比较陌生，第二个教学目标的实现就需要由浅人深、循序渐进，尤其是“理解卡夫卡小说中‘荒诞’手法的力量和意义”比较困难，这就是这节课我需要讲解的重点问题。通过分析，学生能欣赏、鉴别和评价不同时代、不同品格的作品。

5. 预设问题，讲解概要

（1）卡夫卡为什么一定要格里高尔变形？生一场重病不可以吗？

因为作为病人，他有口会说话，有眼睛会看人，你不能当着他的面表现出对他的厌倦，或不给他送饭吃。而一只甲虫，既不会说话，也没有表情，它的孤独感就更加令人感到凄然了，更能淋漓尽致地表现家人的残酷。卡夫卡采用这种变形、夸张、象征或怪诞的很富于刺激性的外观，就是要引起人们的震惊，让人们品味出作品超乎寻常的意义。米兰·昆德拉说：“在现代世界，丑陋无处不在，它被习惯地用仁慈遮掩着，但却在所有不幸的时刻突然出现。”只有变成虫，才能彻底撕下这层仁慈的掩饰。

（2）既然要变形，为什么一定要变成甲虫？

甲虫的特点：厚厚的外壳，细长的脚，看似有壳却无法保护自己，壳只能是负担。

格里高尔的状态：沉重的负担，内心追求无限的自由，看似强大却无法保护自己。

小结：优秀的作家能让思想穿越时空，在现代人身上，我们能看到格里高尔的影子吗？怎样才能保持本心，不被异化呢？这是我们应该反思的问题。

《变形记（节选）》教学设计评析

——展现小说教学的独特性

不同的小说应该有不同的教法，小说教学要根据不同小说的特征来选择教法。每一篇小说都有自己的文本体式，都有自己区别于其他类型的小说、其他单篇小说的独特的地方与价值，而它的独特之处与独特价值正是我们要读这篇小说、教这篇小说的价值所在。而《〈变形记（节选）〉教学设计》突出了《变形记》这篇小说的独特性，它体现在以下三个方面。

一、研学情，定起点

本教学设计注重从学情入手来设计教学内容。因所处学校学生处于城乡二元结构下，课外阅读量较少，眼界不够开阔，对荒诞派小说几乎是“零接触”，加上社会阅历较浅，不太理解生活的艰辛，大多数学生看完小说的感觉都是“好奇怪”“好荒诞”，很难理解小说的内涵。所以教师在开始导入时，用学生感兴趣的《西游记》和动画片导入，并让学生对自己的变形梦想畅所欲言，消除学生与课文的隔阂，引发学生阅读和发表看法的兴趣。因为学生难以理解荒诞派小说，教师还给学生介绍了一些现代派文学和艺术的代表作。文学和艺术是相通的。这不仅可以帮助学生加深对文本的理解，还能引发学生对文学和艺术的探索兴趣，培养审美情趣。这些内容都是基于学情的。

二、研体式，定终点

小说教学内容的确定需要研究小说的文本体式，并据此来确定小说教学的内容，即具体的解读方式。卡夫卡可以称得上是荒诞文学之父，他的作品主要内容是表现孤独的个人在面对陌生、荒诞的世界时所感到的恐惧和迷茫，以文学作品形象地反映荒诞的概念。卡夫卡文学作品最突出的艺术特征是整体荒诞而细节真实，作品的中心事件是荒诞的，但是陪衬中心事件的环境是真实的，产生“虚实相照”的效果。《变形记》典型反映出卡夫卡作品的思想特征和艺术特征。它以独特的变形手法表现资本主义社会中的“异化”现象，主人公在生活的重担与职业习惯势力的压迫下，从人变成一只甲虫。卡夫卡通过主人公变虫后细腻的心理感受和周围人的反应，深刻地表现了人的灾难感、压迫感、孤独感、陌生感、危机感。所以教师把这篇小说的教学内容确定为：从心理描写等角度解读人物形象，识别荒诞手法下表现的真实的人性，分析小说表现的“异化”的主题思想，理解卡夫卡小说中荒诞手法的力量和意义。这样做就是结合《变形记》这篇小说作品的文本体式确定出有针对性、有个性的教学内容，而不是像我们对传统小说的阅读最惯常的思路，即按小说的三要素人物、情节、环境来展开阅读，这样就很好地突出了这篇小说教学的独特性。

三、设台阶，达目标

小说教学的关键是让学生“进入”作者所描绘的小说世界。《变形记》的情节荒诞，学生比较难融入文本。这时，就需要教师设计适当的活动，让学生进入小说的情境。教师设置的第一个活动是学习格里高尔变形后的心理活动，以此为切入点让学生融入文本，让学生进入小说所创设的情境中，产生自己的阅读体验与认知，体会格里高尔变成虫之后悲哀凄苦的内心世界。学生感受和体验了文学作品的语言、形象之美，也就把握了文本在荒诞外衣下的真实。

接着第二个活动是发挥想象，给格里高尔续写一个结局。学生展示续写结局，然后教师投影原作结局，分析二者的不同之处。堂上写作，激发学生的想象力，通过讨论，探究主人公的结局，进一步加深学生对文本的兴趣，为学生深层次地理解文本的主题打下基础。把学生续写的结局和小说原本的结局进行对比，引导学生理解“两种异化”，从而能深层次地理解文本的主题，认识在重压下人性的异化和残酷。

第三步是深层探究小说中荒诞手法的力量和意义。教师设置了两个问题：一是卡夫卡为什么一定要格里高尔变形？生一场重病不可以吗？二是既然要变形，为什么一定要变成甲虫？这两个问题问得精妙，能够促使学生对变形问题进行思考，促使学生探究文本的意味，教师在不断地引导中也就达成了教学目标。

教师设置了三个台阶，让学生进入小说情境，循序渐进，由浅入深，水到渠成地实现了教学目标。通过这篇小说的教学，教学生读懂了原来读不懂的东西，而且使学生学会了阅读荒诞小说的一些方法，以后学生就能够运用所学习的方法去解读其他的荒诞小说了。

《故都的秋》教学设计

一、教学内容

人教版语文必修2第一单元第2课。

二、教学目标

（1）语言建构与运用：初读课文，寻找关键词句，把握故都秋天的特点。精读课文，理解重点词句，概括并赏析秋色、秋声和秋味图。

（2）思维发展与提升：以问带讲，引导学生从“眼前之秋”深入到“心中之秋”。合作探究，引导学生自主赏析。

（3）审美鉴赏与创造：采用多种诵读形式，以读带情。深悟故都的秋“清、静、悲凉”的特点。学会知人论世、缘景明情的鉴赏方法，体会作者内心的悲凉。

（4）文化传承与理解：陶冶情操，理解中国传统文化中的悲秋文化，体会“以悲为美”的审美情趣。

三、教学重难点

（1）精读课文，理解重点词句，概括并赏析秋色、秋声和秋味图。

（2）深悟故都的秋“清、静、悲凉”的特点。

（3）运用缘景明情、知人论世的鉴赏方法，体会作者内心的悲凉。

四、确定依据

（1）单元目标：《故都的秋》是人教版必修2第一单元第2课，单元教学要求是让学生通过鉴赏、品味语言，把握文章的思想主旨。

（2）文本特点：本文是写景抒情的名篇，感情浓厚，文辞优美。

（3）作者经历：幼年丧父，十年客居日本。后又遭妻离子丧，形成了忧郁敏感的气质。

（4）学情：本课的教学对象是高一学生，他们第一次接触抒情散文，缺乏鉴赏方法。对于广东学生，因气候原因，对于秋天没有太多直观的感受。对悲秋文化缺少了解。

五、教学活动基本流程

1. 导入

创设情境：展示秋景图，播放秋蝉、飞鸽、秋风和秋雨之声。

温故启新：通过杜甫和柳永的关于秋的诗来引出郁达夫的《故都的秋》。

设计意图：让学生通过音画直观感受秋，在新旧知识之间架设桥梁，从而顺利进入本课的学习。

2. 初读文本，解剖关键

（1）破题感知。“故都”北平，即现在的北京，作者为什么不称“北平的秋”而叫“故都的秋”呢？

（2）把握文眼，说说哪句话最能概括故都的秋的特点？（清、静、悲凉）

（3）作者为何要写南国之秋？

设计意图：学会以题破文，感知作家的独特视角。学会抓重点词句，把握故都的秋的总体特点。理解作者深沉的喜爱之情。

3. 精读课文，悟透秋意

（1）分组讨论，找出最能体现故都的秋的特点的句子，并有感情地诵读。

（2）课堂小练：赏析秋景图，并为每幅图画取个小标题。（要求：每个标题要包含秋字，文辞优美）

（教师示范引领：①破屋聊坐静观蓝朵；②斜桥树旁闲话秋凉；③叶落知秋踏蕊无痕；④秋蝉残鸣佳果如云。）

（3）作者如此喜爱故都的秋，为什么却有一种悲凉之感？

设计意图：通过合作探究式学习，运用缘景明情、知人论世的鉴赏方法，体会作者内心的悲凉。

（4）深入探究，提高审美情趣：对于美这个概念，一般情况下我们认为幸福的、团圆的、让人欢乐和舒适的、振奋人心的才是美。那么文章所渲染的“悲凉”是一种美吗？（从悲秋文化、传统农耕文化、日本的物哀美学的角度来理解）

设计意图：体会“以悲为美”的审美情趣。

4. 课后作业，巩固所学

著名诗人流沙河曾写过：

（一到秋天的夜晚）想起雕竹做笼／想起呼灯篱落／想起月饼／想起桂花／想起满腹珍珠的石榴果／想起故园飞黄叶／想起野塘剩残荷／想起雁南飞／想起田间一堆堆的草垛／想起妈妈唤我们回去加衣裳／想起岁月偷偷流去许多许多

请以“我眼中的秋”为话题写一篇随笔，表达你或喜或悲的心情，要求情景交融。

设计意图：学以致用，运用借景抒情的艺术手法和优美的言辞，抒发内心的情感。

附：

故都的秋[①]

郁达夫

秋天，无论在什么地方的秋天，总是好的；可是啊，北国的秋，却特别地来得清，来得静，来得悲凉。我的不远千里，要从杭州赶上青岛，更要从青岛赶上北平来的理由，也不过想饱尝一尝这“秋”，这故都的秋味。

江南，秋当然也是有的，但草木凋得慢，空气来得润，天的颜色显得淡，并且又时常多雨而少风；一个人夹在苏州上海杭州，或厦门香港广州的市民中间，混混沌沌地过去，只能感到一点点清凉，秋的味，秋的色，秋的意境与姿态，总看不饱，尝不透，赏玩不到十足。秋并不是名花，也并不是美酒，那一种半开、半醉的状态，在领略秋的过程上，是不合适的。

---

① 选自《郁达夫文集》第三卷（花城出版社、生活·读书·新知三联书店，1982年版）。略有改动。郁达夫（1896—1945），原名郁文，字达夫，曾化名赵廉，浙江富阳人。现代小说家、散文家。因在南洋从事抗日活动，1945年9月17日被日本宪兵秘密杀害于印度尼西亚的苏门答腊。1952年，中央人民政府追认他为革命烈士。

不逢北国之秋，已将近十余年了。在南方每年到了秋天，总要想起陶然亭[①]的芦花，钓鱼台[②]的柳影，西山[③]的虫唱，玉泉[④]的夜月，潭柘寺[⑤]的钟声。在北平即使不出门去吧，就是在皇城人海之中，租人家一椽[⑥]破屋来住着，早晨起来，泡一碗浓茶，向院子一坐，你也能看得到很高很高的碧绿的天色，听得到青天下驯鸽的飞声。从槐树叶底，朝东细数着一丝一丝漏下来的日光，或在破壁腰中，静对着像喇叭似的牵牛花（朝荣）的蓝朵，自然而然地也能够感觉到十分的秋意。说到了牵牛花，我以为以蓝色或白色者为佳，紫黑色次之，淡红色最下。最好，还要在牵牛花底，叫长着几根疏疏落落的尖细且长的秋草，使作陪衬。

北国的槐树，也是一种能使人联想起秋来的点缀。像花而又不是花的那一种落蕊，早晨起来，会铺得满地。脚踏上去，声音也没有，气味也没有，只能感出一点点极微细极柔软的触觉。扫街的在树影下一阵扫后，灰土上留下来的一条条扫帚的丝纹，看起来既觉得细腻，又觉得清闲，潜意识下并且还觉得有点儿落寞[⑦]，古人所说的梧桐一叶而天下知秋[⑧]的遥想，大约也就在这些深沉的地方。

秋蝉的衰弱的残声，更是北国的特产，因为北平处处全长着树，屋子又低，所以无论在什么地方，都听得见它们的啼唱。在南方是非要上郊外或山上去才听得到的。这秋蝉的嘶叫，在北方可和蟋蟀耗子一样，简直像是家家户户都养在家里的家虫。

还有秋雨哩，北方的秋雨，也似乎比南方的下得奇，下得有味，下得更

---

①〔陶然亭〕位于北京城南，亭名出自白居易诗句“更待菊黄家酿熟，共君一醉一陶然”。

②〔钓鱼台〕在北京阜成门外三里河，玉渊潭公园北面。

③〔西山〕北京西郊群山的总称，是京郊名胜。

④〔玉泉〕指玉泉山，是西山东麓支脉。

⑤〔潭柘寺〕在北京西山，相传“寺址本在青龙潭上，有古柘千章，寺以此得名”。

⑥〔一椽〕一间屋。椽，放在房檩上架着木板或瓦的木条。

⑦〔落寞〕冷落，寂寞。

⑧〔梧桐一叶而天下知秋〕《淮南子，说山》：“以小明大，见叶落而知岁之将暮。”《太平御览》卷二十四引用“一叶落而知天下秋”。

像样。

在灰沉沉的天底下，忽而来一阵凉风，便息列索落地下起雨来了。一层雨过，云渐渐地卷向了西去，天又晴了，太阳又露出脸来了，着[①]着很厚的青布单衣或夹袄的都市闲人，咬着烟管，在雨后的斜桥影里，上桥头树底下去一立，遇见熟人，便会用了缓慢悠闲的声调，微叹着互答着地说：

“唉，天可真凉了——”（这了字念得很高，拖得很长。）

“可不是吗？一层秋雨一层凉了！”

北方人念阵字，总老像是层字，平平仄仄起来[②]，这念错的歧韵，倒来得正好。

北方的果树，到秋天，也是一种奇景。第一是枣子树，屋角，墙头，茅房边上，灶房门口，它都会一株株地长大起来。像橄榄又像鸽蛋似的这枣子颗儿，在小椭圆形的细叶中间，显出淡绿微黄的颜色的时候，正是秋的全盛时期，等枣树叶落，枣子红完，西北风就要起来了，北方便是沙尘灰土的世界，只有这枣子、柿子、葡萄，成熟到八九分的七八月之交，是北国的清秋的佳日，是一年之中最好也没有的Golden Days[③]。

有些批评家说，中国的文人学士，尤其是诗人，都带着很浓厚的颓废的色彩，所以中国的诗文里，赞颂秋的文字特别的多。但外国的诗人，又何尝不然？我虽则外国诗文念得不多，也不想开出账来，做一篇秋的诗歌散文钞[④]，但你若去一翻英德法意等诗人的集子，或各国的诗文的Anthology来[⑤]，总能够看到许多并于秋的歌颂与悲啼。各著名的大诗人的长篇田园诗或四季诗里，也总以关于秋的部分，写得最出色而最有味。足见有感觉的动物，有情趣的人类，对于秋，总是一样地特别能引起深沉，幽远，严厉，萧索的感触来的。不单是诗人，就是被关闭在牢狱里的囚犯，到了秋天，我想也一定能感到一种不能自已的深情，秋之于人，何尝有国别，更何尝有人种阶级的区别呢？不过在

---

①〔着〕穿（衣）。

②〔平平仄仄起来〕意即推敲起字的韵律来。

③〔Golden Days〕英语中指“黄金般的日子”。

④〔钞〕同“抄”。

⑤〔Anthology〕英语中指“选集”。

中国，文字里有一个“秋士①”的成语，读本里又有着很普遍的欧阳子的《秋声》②与苏东坡的《赤壁赋》等，就觉得中国的文人，与秋的关系特别深了，可是这秋的深味，尤其是中国的秋的深味，非要在北方，才感受得到底。

南国之秋，当然也是有它的特异的地方的，比如廿四桥的明月，钱塘江的秋潮，普陀山的凉雾，荔枝湾③的残荷等等，可是色彩不浓，回味不永。比起北国的秋来，正像是黄酒之与白干，稀饭之与馍馍，鲈鱼之与大蟹，黄犬之与骆驼。

秋天，这北国的秋天，若留得住的话，我愿把寿命的三分之二折去，换得一个三分之一的零头。

1934年8月，在北平

《故都的秋》人教版教材插图

① 〔秋士〕古时指到了暮年仍不得志的知识分子。
② 〔欧阳子的《秋声》〕指欧阳修的《秋声赋》。
③ 〔荔枝湾〕位于广州城西。

研讨与练习：

（1）朗读课文，说说作者选取了哪些景物，写出了故都的秋怎样的特点。另外，从哪些句段中，你感觉、体察到了作者所谓的“悲凉”？你如何看待这种“悲凉”？

（2）在下面的两段文字里，作者调动了听觉、视觉和触觉来感受故都的秋，使写景状物有声有色、有动有静，并融入了深沉而细腻的感受、情思。细细品味，做一些勾画圈点、评议赏析。

① 在北平即使不出门去吧，就是在皇城人海之中，租人家一椽破屋来住着，早晨起来，泡一碗浓茶，向院子一坐，你也能看得到很高很高的碧绿的天色，听得到青天下驯鸽的飞声。从槐树叶底，朝东细数着一丝一丝漏下来的日光，或在破壁腰中，静对着像喇叭似的牵牛花（朝荣）的蓝朵，自然而然地也能感觉到十分的秋意。

② 像花而又不是花的那一种落蕊，早晨起来，会铺得满地。脚踏上去，声音也没有，气味也没有，只能感出一点点极微细极柔软的触觉。

（3）你读过哪些描写秋天的诗文？你最喜欢其中的哪一篇？向同学介绍这些诗文，并就你最喜欢的诗文做简要的赏析。

《故都的秋》教学设计评析

——探析语文核心素养视角下散文阅读审美教学

《故都的秋》是人教版高中语文必修2第一单元的第二篇文章。作者郁达夫用优美的笔触描写了故都北平秋天“清”“静”“悲凉”的特点，语言清新淡远，独特的是郁达夫把“悲凉”当作美，这是中学生的生活经验和阅读经验中很少有的，这也就显示了郁达夫散文的独特个性和美学价值，是对中学生进行审美教育的范本。

《故都的秋》教学设计案例，教学目标的设置从语文核心素养以及学情出发，一是语言建构与运用：初读课文，寻找关键词句，把握故都的秋的特点。精读课文，理解重点词句，概括并赏析秋色、秋声和秋味图。二是思维发展与提升：以问带讲，引导学生从“眼前之秋”深入到“心中之秋”。合作探究，引导学生自主赏析。三是审美鉴赏与创造：采用多种诵读形式，以读带情。深悟故都的秋“清、静、悲凉”的特点。学会知人论世、缘景明情的鉴赏方法，体会作者内心的悲凉。四是文化传承与理解：陶冶情操，理解中国传统文化中的悲秋文化，体会“以悲为美”的审美情趣。在审美教学过程中，以“精读课文，理解重点词句，概括并赏析秋色、秋声和秋味图；深悟故都的秋‘清、静、悲凉’的特点；运用缘景明情，知人论世的鉴赏方法，体会作者内心的悲凉”。

总的来说，这个教学设计案例是从初读文本感受秋之美，细品文本鉴赏秋之美，走出文本创造秋之美三个角度出发，在阅读教学中对学生进行审美教育活动。感受秋之美时，采用图景导入、音乐导读、师生诵读等形式；鉴赏秋之美，从语言、内容、结构、意境等方面入手；创造秋之美，则通过锤炼语言、取材内容、精心架构、营造意境等方法，让学生进行口头表达和写作。

语文核心素养提出学生要具有语言、思维、审美、文化四个方面的素养。在语文散文阅读教学中，审美教育是重中之重。阅读是一场关于美的旅行，语文阅读教学是培养学生感受美、鉴赏美、表现和创造美的过程。《故都的秋》这篇散文的阅读教学，从培养学生审美感受能力、审美鉴赏能力、审美创造能力三个方面入手，品味故都之秋的“悲凉、雅趣、俗趣，的交融美”从而提高学生的阅读审美能力。

孙绍振教授在《孙绍振解读经典散文》一书的《〈故都的秋〉：悲凉、雅趣和俗趣的交融美》提到：“艺术性散文并不是科学小品，它的生命就是审美的，而审美的特点就是作者主观的感情，与客观理性是有距离的。”他曾对大学一年级的学生做过一个调查，发现一部分学生凭直觉就能感到《故都的秋》这篇文章“挺好”，但是说不出好在何处，许多学生读后的感觉是“很一般”，也有人觉得“不太好”，多数学生不明白为什么要选入教材，文章好处知之甚少。孙教授总结“之所以会有这样的问题，在于学生缺乏审美修养，分不清审美价值和实用功利价值”。

教师进行散文阅读教学，不能一味地认为只要学生能够答出与标准答案相近的意思就行，而忽视对学生散文阅读审美过程的重视。因此要提高学生散文阅读审美能力，就要转变教师原有的教学态度，重视学生散文审美学习的过程。教师要引导学生明确散文阅读的要点、散文要表达的内容与散文的表现形式，教授学生如何进行散文审美分析，这样才能使学生掌握各类散文的分析技巧，提高学生整体的审美能力。例如，在阅读散文《故都的秋》的过程中，可以找同类作品分析，从而发现郁达夫笔下的“悲秋”是美的，那秋天的悲凉为什么是美的？引导学生进行要点分析，帮助学生了解作者想要表达的真正情感，让学生探究并逐步理解秋天的“悲凉”成为美的情感的原因，通过让学生找出文本中描写景物的内容，根据景物内容体会作者独特的体验“生命的欣欣向荣，很容易得到自发的欣赏，而欣赏生命的衰败，则需要超越世俗的实用价值观念”“审美熏陶，也使人情感体验从实用功利中获得解放和自由”。

审美情感给了人类丰富的内心体验，大大提升了生命的宽度以及生存的内在价值，给人类生活增加了一种无可替代的享受体验价值。情感的缺乏或冷淡在人类的物质和精神生活中都是莫大的损失。我们不要怀着实用的态度，要用一种审美的眼光、审美的心态看待周围的事物。对于高中生来说，这种审美体验尤其丰富而珍贵，审美情感丰盈生命的同时，也是阅读审美能力培养的重要方面，在语文阅读审美教学中需要教师以学生本身所具有的“审美经验”为起点，进而激发学生在阅读文本中的审美情感，丰富情感世界。

教师应该在学生原有的审美经验中激发学生的审美情感，在超出学生审美经验之外的情况下，就需要教师适时引导增加相关经验，激发审美情感。我们可以通过一些具体策略激活学生的审美情感。例如类比拓展，对于文学类的文本来说，能够直指文章主旨，解锁作者心灵，深度融合情感。类比拓展顾名思义就是选取主旨、主题或情感（历程）和此篇文章相类似的材料，通过联系和比较让学生去发现归纳它们的相似之处，揭示出现象后面的本质，理解个案背后的共性。“我们的一切教学行为都要指向文本的灵魂核心，指向文本中的情感生命，进而发现文本外的生命与文本中的生命在情感和思想上的同频共振。”因此，在阅读中，能够感受、体验作者的经验世界是一种基本的能力。但在阅读教学中，这种看似简单的能力也需要教师的引导和训练。同时在学生分析的过程中，教师要及时为学生解答问题，从而让学生学习到此种类型散文的审美分析技巧。

在核心素养下高中生阅读审美能力还有许多值得研究的培育策略，作为一线教师，要多了解关于美育理论的知识，激发学生的阅读审美兴趣，高考试题和审美能力培育目标应有个良性互动。

《项脊轩志》教学设计

一、教学内容

（1）教材：高中语文粤教版必修2第四单元第16课，该单元为古代散文单元。

（2）学生：高一学生。

（3）课时：第2课时。

（4）教法手段：①诵读法，体会感情；②分组讨论法，合作探究；③讲解法，加深理解。

二、教学目标

（1）品环境细节、人物细节、语言细节，深切感受文本的情感和思想精神。（教学重点）

（2）探讨文本悲情程度的差异，以及如何领会此种差异。（教学难点）

（3）通过学生自主探究、小组合作探究、师生共融的模式，来逐渐提高学生的思维品质。

三、教学目标确定依据

以《普通高中语文课程标准（2017年版）》语文学科核心素养为原则：

（1）语言的建构与运用：引导学生抓住文本的语言细节，培养学生自主研读的能力、分析文本的能力、语言表达的能力。

（2）思维的发展与提升：通过学生自主探究、小组合作探究、师生共融的模式，来逐渐提高学生的思维品质，提升其思维的深刻性、创造性、敏捷性、批判性、灵活性，增强其思维品质。

（3）鉴赏文学作品：感受文学形象的情感。

（4）传承中华文化：通过学习《项脊轩志》，体会此文传达出的中华文化的人文精神。

教学活动基本流程可用图、表。

四、预设问题

（拟在哪个环节中、在什么教学情境下提出什么问题）

在“融师生之思”这个环节，师生共同诵读之后，设下问题，即文本中相同的可悲之情悲的程度有所不同，如何领会？（文本难点）

五、预设问题讲解概要

以细节为要，抓住体现悲伤程度的词句：

（1）“泣”：年幼丧母，慈母善主。“儿寒乎？欲食乎？”

（2）“号”：振兴家业，功业未就。“吾家读书久不效”“他日汝当用之”。

（3）静默无声：“室坏不修”“庭有枇杷树，吾妻死之年所手植也，今已亭亭如盖矣”。

附：

项脊轩志①

归有光

项脊轩，旧南阁子也。室仅方丈②，可容一人居。百年老屋，尘泥渗漉③，

① 选自《震川文集》卷十七（上海古籍出版社，1981年版），有删节。归有光（1506—1571），字熙甫，号震川，明昆山（今江苏昆山）人。嘉靖进士，曾任商京太仆寺卿，是明代著名的古文家，“唐宋派”的代表人物。项脊轩，作者远祖归道隆曾居于太仓（今江苏）项脊泾，故以此为书斋名。本文前半约写于18岁，“余既为此志”至最后则写于15年后。

②〔方丈〕一丈见方。

③〔渗漉〕由细孔中渗漏下来。

雨泽[1]下注；每移案，顾视无可置者[2]。又北向，不能得日[3]，日过午已昏。余稍为修葺[4]，使不上漏。前[5]辟四窗，垣墙周庭[6]，以当[7]南日，日影反照，室始洞然[8]。又杂植兰桂竹木于庭，旧时栏楯[9]，亦遂增胜。借书满架，偃仰啸歌[10]，冥然兀坐[11]，万籁有声，而庭阶寂寂，小鸟时来啄食，人至不去。三五之夜[12]，明月半墙，桂影斑驳，风移影动，珊珊[13]可爱。然余居于此，多可喜，亦多可悲。

先是，庭中通南北为一[14]。迨诸父异爨[15]，内外多置小门，墙往往而是。东犬西吠，客逾庖而宴，鸡栖于厅[16]。庭中始为篱，已为墙，凡再变[17]矣。家有老妪，尝居于此。妪，先大母[18]婢也，乳二世[19]，先妣[20]抚之甚厚。室西连于中

---

①〔雨泽〕雨水。

②〔顾视无可置者〕环顾竟然没有可以安放书案的地方。

③〔得日〕采光。

④〔葺（qì）〕维修。

⑤〔前〕前方。指阁子北墙。

⑥〔垣墙周庭〕围着庭院筑起围墙。

⑦〔当〕挡。

⑧〔洞然〕明亮洞彻的样子。

⑨〔栏楯（shǔn）〕栏杆。纵木为栏，横木为楯。

⑩〔偃仰啸歌〕悠然自得，大声歌吟。偃仰，俯仰，指悠然安居。

⑪〔冥然兀坐〕静默独坐。兀坐，一说“端坐”。

⑫〔三五之夜〕农历十五夜。

⑬〔珊珊〕优美舒缓的样子。

⑭〔庭中通南北为一〕（原先）庭院是一个完整的院子，南北贯通。

⑮〔迨（dài）诸父异爨（cuàn）〕等到伯、叔分家时。迨，及，等待。诸父，伯、叔的统称。爨，起灶做饭。

⑯〔东犬西吠（fèi），客逾庖而宴，鸡栖于厅〕写分家后杂乱无序的状况。逾庖，穿过厨房。庖，厨房。

⑰〔再变〕改变了两次。

⑱〔先大母〕已逝世的祖母。

⑲〔乳二世〕哺养两代人。乳，喂奶，哺育。

⑳〔先妣〕已逝世的母亲。

闺[1]，先妣尝一至。妪每谓余曰："某所，而[2]母立于兹。"妪又曰："汝姊在吾怀，呱呱而泣；娘以指叩门扉曰：'儿寒乎？欲食乎？'吾从板[3]外相为应答。"语未毕，余泣，妪亦泣。

余自束发[4]，读书轩中，一日，大母过[5]余曰："吾儿，久不见若[6]影，何竟日默默在此，大类[7]女郎也？"比[8]去，以手阖[9]门，自语曰："吾家读书久不效[10]，儿之成，则可待乎！"顷之，持一象笏[11]至，曰："此吾祖太常公[12]宣德间执此以朝，他日汝当用之！"瞻顾遗迹，如在昨日，令人长号[13]不自禁[14]。

轩东，故尝[15]为厨，人往，从轩前过。余扃牖[16]而居，久之，能以足音辨人。轩凡四遭火，得不焚，殆有神护者。

余既为此志[17]，后五年，吾妻来归[18]，时至轩中，从余问古事，或凭几学书。吾妻归宁[19]，述诸小妹语曰："闻姊家有阁子，且何谓阁子也？"其后六

---

①〔中闺〕内室。

②〔而〕通"尔"，你。

③〔板〕门板。

④〔束发〕古代男童15岁时束发为髻，表示成童。

⑤〔过〕来访。

⑥〔若〕你。

⑦〔大类〕太像。

⑧〔比〕等到。

⑨〔阖〕通"合"，关闭。

⑩〔效〕收效，指取得科举功名。归有光的曾祖归凤中举，官城武令；祖父归绅、父亲归正未考取功名。

⑪〔象笏（hù）〕象牙制作的长方形薄板，大臣手持上朝，上面可以书写有关内容已备忘。

⑫〔太常公〕归有光祖母的祖父夏昶，在宣德年间在太常寺卿。

⑬〔长号（háo）〕长声号哭。

⑭〔禁（jīn）〕忍住，自控。

⑮〔故尝〕从前，曾经。

⑯〔扃牖（jiōng yǒu）〕关闭窗户。

⑰〔此志〕指上面的部分，系作者18岁时写的，后面这段文字则是后来接着写完的。

⑱〔吾妻来归〕我的妻子嫁过来。这里指作者的发妻魏氏。

⑲〔归宁〕古代已婚女子回娘家省亲。

年，吾妻死，室坏不修。其后二年，余久卧病无聊，乃使人复葺南阁子，其制稍异于前。然自后余多在外，不常居。

庭有枇杷树，吾妻死之年所手植也，今已亭亭如盖[①]矣。

思考·探索·练习：

（1）清人王锡爵《归公墓志铭》评论归有光的文章“无意于感人，而欢愉惨恻之思，溢于言语之外”，指出归有光善于描写生活细节、平凡场景，往往能生动传神地表现出自己的情感。试从本文中找出两三例，加以分析。

（2）翻译第二自然段“家有老妪”至第三自然段“令人长号不自禁”，体会作者思念亡母之情。

①〔亭亭如盖〕高高耸立，像伞一样。

《项脊轩志》教学设计评析

语文教育承载着传承中国优秀传统文化的崇高使命，而古代文言作品正是传承优秀传统文化的重要桥梁。在《项脊轩志》这篇文章的教学中，不仅要对归有光的情感进行解读，还要深入挖掘文章中所蕴藏的文化内涵，对文章中所蕴含的文化符号和古代文人士子的精神进行解读，引导学生深入理解文本，了解其中的文化内核。

《项脊轩志》的语言质朴，真切感人，作者归有光运用生活中的小事抒发了自己真切的情感，是归有光的散文名篇。对于该篇文章的解读，我们都是从情感的角度分析文章，但对文章中蕴含的文化知识挖掘得不够深入。研究了《项脊轩志》教学设计第2课时，这个教学设计案例以《普通高中语文课程标准（2017年版）》语文学科核心素养为原则，以“导—品—念—融—练”为教学流程，完成三个教学目标。

对此，我将从解读文章内容上探讨教学目标的实现，从学情和文本方面探讨教学方法是否可行。

一、从文本出发，教学目标的重点不细致

教学设计不仅仅是简单的思路，更重要的是对文本的细致解读。

据田干生考证，《项脊轩志》的正文部分（“余既为此志”以上若干内容）写于作者18岁时，恰处于他到项脊轩读书（15岁）至考中秀才（20岁）之间。补记部分（“余既为此志”以下若干内容）写妻子魏氏，是在写了正文13年以后才续写的，也就是说它作于1536年，其时归有光31岁。由于文章分两个时间段完成，因此，在目前所见的研究成果中，对本文主题的解读是丰富而多层次的，总的来看包括三个方面：①借项脊轩串起与之有关的家常琐事，表达

怀念之情；②表达人亡物在、三世变迁的感慨；③表达复兴家业、光宗耀祖的人生志向。一是借项脊轩串起与之有关的家常琐事，表达怀念之情。这篇抒情散文通过对项脊轩前后的变化和几件小事的描述，写出了亲人对自己的关怀和自己对他们的怀念。这篇散文也是一篇作者借一间狭小的旧屋而串起祖孙情、母子情、夫妻情、兴衰情、功业情等诸多复杂情感的作品。二是表达人亡物在、三世变迁的感慨。清朝人梅曾亮总结本文是“借一阁以寄三世之遗迹”。《项脊轩志》即事抒情，真切感人，以“百年老屋”项脊轩的几经兴废，书写了对祖母、母亲、妻子的回忆，抒发了人亡物在、世事沧桑的感触。同时将自己所遇到的归家三代“多可悲”的故事放在“百年老屋”的历史背景下来写，使得归家三代的凄凉非同一般，三代的艰难苦痛别有一番深意。还有研究者认为归有光“居于此，多可喜”，不过是苦中作乐，是大悲中的自我安慰之喜，并指出《项脊轩志》中贯穿全文的是衰败之悲、身世之悲、抑郁之悲和孤独之悲，悲甚大矣。三是表达复兴家业、光宗耀祖的人生志向。张延昭在《从科举角度解读〈项脊轩志〉》一文中认为：归有光作《项脊轩志》时，面对着衰微的归氏一门，回想早逝的母亲，又忆及祖母生前的嘱托，心中感慨万千。他所写的这篇散文就是为了表达他努力奋斗，重振归氏门庭的志向！文章正文部分写破败小屋，激励振兴家邦之志；诸父异爨，催发学兴邦知礼之愿；妪忆母亲，砥砺承继母志之心；大母持笏，激发承担入仕救邦之情；遭火不焚，强化进阶登室之念；补记忆妻，激奋孜孜不懈之毅。这五个片段结合《震川先生集》中相关的文献来看，项脊轩只是作者借以言志之表，贯穿全篇的是重振家业的思想。《项脊轩志》是一篇和科举及八股文有着密切联系，在面临科举考试的背景之下，可以在字里行间捕捉作者复杂的情感，因此，把《项脊轩志》的主旨还原为“托物言志”，即借助项脊轩来抒发自己勤学苦读的远大抱负。

以此来看，本教学设计提出“品环境细节、人物细节、语言细节，深切感受文本的情感和思想精神”，或许只是一个简单的教学思路，但并不是很明确具体的文本情感和思想精神，可以改为：“通过朗读领悟文本内容，体会作者在日常琐事的记叙中所蕴含的浓浓深情，掌握移情于物的写作技法。”从语文核心素养的“语言的建构与运用”的角度引导学生朗读领悟，在自主研读和分析解读中，体会作者丰富的情感、情感的变化发展，以及作者深情背后的人生志向。以此也就能带动实现“思维的发展与提升”和“审美的鉴赏与创造”。

二、从文本出发，教学目标的难点不准确

教学设计的难点目标是“探讨文本悲情程度的差异，以及如何领会此种差异”，似乎不太妥当。首先我认为悲情角度是有不同的感受，但程度上不能有差异之说。鉴于“借一阁以寄三世之遗迹”，应以“然余居于此，多可喜，亦多可悲”为主线和切点。仅是探究“悲情”是不够的，还要思考“可喜”什么，“可悲”什么，进一步感知文本文意和作者的情感。例如，在讲解时，以“室”和“轩”的名称区别为线索，重点讨论书房被称为“轩”时，这里发生的“可喜、可悲”之事，感悟青年归有光的心态和中年归有光的心态，从而体味归有光对于书房的情感和表达的内在主旨。

所以教学难点的设置应该调整为：“通过品味作者的情感变化，探索文人士子所具有的精神品格，探究封建科举考试对文人士子的影响以及感受‘家’对文人士子的特殊意义及背后的中国传统文化的艺术魅力。”这也是实现语文核心素养的第四点“文化的理解与传承”。

三、从文本出发，从学情上看，案例的教学方法行之有效

《项脊轩志》教学重难点是学习作者如何选取生活琐事、抓住生活细节表现人物形象以抒发感情的写作手法，并理解作者的真挚情感与人生志向。授课教师的做法是以文中的人物细节描写为切入点，指导学生重点阅读分析、鉴赏文中描写人物的有关细节。新课程改革中的语文教学要求教师根据学生的具体情况展开教学，这个教学设计案例通过学生自主探究、小组合作探究、师生共融的模式，以“导—品—念—融—练”为教学流程，提高语文教学的有效性。

我们还可从育人的角度考虑，在执教的过程中收集和整理学生的问题，只教学生的质疑点。在教学时先创设情境引导学生探索项脊轩的环境，后设契机，因“言”引导学生把握作者的“喜”与“悲”，最后巧搭支架，引被删除的部分，感悟作者的人生志向。

新时期语文教学是以发展学生智能为出发点的，它的核心是发展学生的创造力。语文教师要顺应社会发展，把开发学生智力、培养创造力放在教学的重要位置，激发和引导学生主动探索、发现，尽可能地提高学生的认识水平，提高学生的智慧潜力，使他们在掌握知识的过程中研究、探讨、创造的能力得

到培养。学生积极主动参与教学过程，有意识地合作探究，形成和谐共生的课堂，就是行之有效的教学方法。但是我们也要注意，这个教学设计案例的教学方式虽有效地调动起了学生的学习兴趣，但如果使用不当，很容易导致教师的主导地位和个人魅力缺失，同时可能会导致学生对文本的情感体验欠缺。

总的来说，这个教学设计案例从语文学科的性质和目的出发，体现了语文的育人价值，既强调作品的“原生价值”，也就是文本的信息价值，也重视了本文的育人价值。

参考文献

[1] 田干生.《项脊轩志》的写作时间及主题考辨[J].扬州师院学报·社会科学版，1989（8）.

[2] 林旭芳.情到深处归平淡　平淡之中见至情——从《项脊轩志》看归有光其人其文[J].宿州教育学院学报，2008（2）：81–82.

[3] 刘祥.《项脊轩志》抒情方式解读[J].语文建设，2013（13）.

[4] 薛冰.偃仰啸歌皆悲声——《项脊轩志》主题思想分析[J].中国校园文学，2012（5）.

[5] 张延昭.从科举视角解读《项脊轩志》[J].语文学习，2009（4）：39–42.

[6] 袁菊.从家世名作欣赏背景中揆察思想内核——《项脊轩志》教学的史料意识[J].名作欣赏，2011（2）：60–64.

[7] 叶满菊，许锡强.是自我激励，还是自我愧疚？——《项脊轩志》文本构成辨别兼与郭天彪老师商榷[J].中学语文教学，2012（8）.

[8] 林燕芝.找准教学切入点，提高教学实效性——教散文《项脊轩志》有感[J].考试周刊，2012（24）.

[9] 童明辉.发挥语文独特的育人价值——《项脊轩志》教学探究[J].语文建设，2015（25）.

《记念刘和珍君》教学设计

一、教学内容

人教版语文必修1第三单元第7课第一课时。

二、教学目标

（1）理解作者的复杂情感，探讨“记念”的意义。

（2）掌握分析概括的相关方法。

（3）感受作者的爱国热情，学习作者不断求索的精神。

三、教学目标确定依据

1. 文章特点

一是感情复杂，既有对他人或憎或爱的感情，还有其自身的矛盾纠结；二是主题为“记念”，因此体悟情感的复杂之外，还要分析“记念”的意义。

2. 学生特点

理性分析能力不足，急需掌握分析概括的相关方法。

四、教学活动基本流程

第一课时：诵读体悟，感性认识—分析感情，理性认识—探求意义，理性认识。（由感性而理性）

第二课时：与《空谈》《死地》做比较阅读。（由单篇教学到比较阅读）

五、教学活动具体安排

1. 诵读体悟，感受作者的复杂情感

大声诵读，感受“记念”这一主题下蕴含的复杂情感。

2. 文本细读，理解作者的复杂感情

精读文本细节，分别找出刘和珍事件涉及的相关人物，然后分析作者对这些人物分别持什么情感态度，从而明确作者对爱国青年的赞颂，对当局及流言家的愤怒，对庸人、闲人的悲哀以及作者自身的矛盾纠结。

3. 概括分析，探讨“记念刘和珍”的意义

本文适用的分析概括方法有两种：一种是关键词概括法，另一种是归纳概括法。学生能找到关键词的，引导学生用关键词概括，找不到关键词的，引导学生进行归纳概括。分析出以下结论：“记念”的意义在于赞颂爱国青年的沉勇友爱、勇毅从容，揭露当局者的卑劣凶残、流言家的阴险论调，警醒庸人、闲人不能再冷漠、沉默，激励“苟活者”心存希望、奋然前行。

（仅分析作者对他人的爱憎情感是不够的，还得分析其自身的纠结情感；仅分析作者的复杂情感是不够的，还得分析“记念刘和珍”的意义。）

六、预设问题

第三个环节，在明确了自贬为“苟活者”的“我”纠结心理的情境下提出问题：“记念刘和珍君”之于“我”有什么意义？

七、预设问题讲解概要

鲁迅走出纠结的求索过程，就是认识到不认可请愿的行为不能磨灭请愿者勇赴国难之意义的过程。正是这种认识让鲁迅从请愿者刘和珍身上得到激励——要心存希望，要奋然前行。

（此点易被忽略，然而它恰是最能显现鲁迅曲折文风、深刻思想、人格魅力的精妙之处。）

附：

记念刘和珍君①

鲁 迅

一

中华民国十五年②三月二十五日，就是国立北京女子师范大学为十八日在段祺瑞执政府③前遇害的刘和珍杨德群④两君开追悼会的那一天，我独在礼堂外徘徊，遇见程君⑤，前来问我道，“先生可曾为刘和珍写了一点什么没有？”我说“没有”。她就正告我，“先生还是写一点罢；刘和珍生前就很爱看先生的文章。”

这是我知道的，凡我所编辑的期刊，大概是因为往往有始无终之故罢，销行一向就甚为寥落⑥，然而在这样的生活艰难中，毅然预定了《莽原》⑦全年的

---

① 选自《华盖集续编》（《鲁迅全集》第3卷，人民文学出版社，1981年版）。记念，现在写作“纪念”。1926年3月，奉系军阀在日本帝国主义支持下进兵关内，冯玉祥率领的国民军同奉军作战。日本帝国主义公开援助奉军，派军舰驶入大沽口，炮击国民军。国民军开炮还击。日本帝国主义纠合英、美、法、意、荷、比、西等国驻北京公使，借口维护八国联军入侵时与清政府签订的《辛丑条约》，提出种种无理条件，并且在天津附近集结各国军队，准备武力进攻。3月18日，北京人民为了反对帝国主义侵犯我国主权，在天安门前集会抗议，会后到执政府前请愿。段祺瑞竟命令卫兵向请愿群众开枪，并用大刀铁棍追打砍杀，打死打伤二百余人，制造了屠杀爱国民众的“三·一八”惨案。刘和珍等都是在当时遇害的。刘和珍，江西南昌人，北京女子师范大学英文系学生，学生自治会主席，遇害时年仅22岁。

②［中华民国十五年］1926年。

③［段祺瑞执政府］1924年第二次“直奉战争”，直系军阀失败，奉系军阀推段祺瑞为北洋政府临时执政。段祺瑞（1865—1936），北洋军阀皖系首领，曾经几度把持北洋军阀的中央政权，1926年4月被冯玉祥驱逐下台。

④［杨德群］湖南湘阴清溪乡（今属汨罗）人，北京女子师范大学国文系预科学生，遇害时年仅24岁。

⑤［程君］指程毅志，湖北孝感人，北京女子师范大学教育系学生。

⑥［寥落］稀少。

⑦［《莽原》］鲁迅编辑的一种文艺刊物。

就有她。我也早觉得有写一点东西的必要了，这虽然于死者毫不相干，但在生者，却大抵只能如此而已。倘使我能够相信真有所谓“在天之灵”，那自然可以得到更大的安慰，——但是，现在，却只能如此而已。

可是我实在无话可说。我只觉得所住的并非人间。四十多个青年的血，洋溢在我的周围，使我艰于呼吸视听，那①里还能有什么言语？长歌当哭②，是必须在痛定之后的。而此后几个所谓学者文人的阴险的论调③，尤使我觉得悲哀。我已经出离④愤怒了。我将深味⑤这非人间的浓黑的悲凉；以我的最大哀痛显示于非人间，使它们快意于我的苦痛，就将这作为后死者的菲薄⑥的祭品，奉献于逝者的灵前。

二

真的猛士，敢于直面惨淡的人生⑦，敢于正视淋漓的鲜血。这是怎样的哀痛者和幸福者？然而造化⑧又常常为庸人设计，以时间的流驶，来洗涤旧迹，仅使留下淡红的血色和微漠的悲哀。在这淡红的血色和微漠⑨的悲哀中，又给

---

①［那］这里表示反问，现在写作“哪”。

②［长歌当（dàng）哭］意思是用写文章来代替哭泣。长歌，引吭高歌，这里指写文章。当，当作。

③［几个所谓学者文人的阴险的论调］几个所谓学者文人指陈西滢等。陈西滢在1926年3月27日出版的《现代评论》上发表一篇评论“三·一八”惨案的《闲话》，污蔑遇害的爱国学生“莫名其妙”“没有审判力”，因而盲目地被人引入“死地”并且把杀人责任推到他所说的“民众领袖”身上，说他们“犯了故意引人去死地的嫌疑”。鲁迅在《死地》一文中说：“但各种评论中，我觉得有一些比刀枪更可以惊心动魄者在。这就是几个论客，以为学生们本不应当自蹈死地，前去送死的。”

④［出离］超出。

⑤［深味］深深地体会。

⑥［菲薄］这里是微薄的意思。

⑦［直面惨淡的人生］面对着反动派统治下悲惨凄凉的黑暗现实。“直面”，和下句的“正视”，都表示正面注视、绝不回避的意思。

⑧［造化］指自然界。

⑨［微漠］依稀，淡薄。

人暂得偷生，维持着这似人非人的世界。我不知道这样的世界何时是一个尽头！

我们还在这样的世上活着；我也早觉得有写一点东西的必要了。离三月十八日也已有两星期，忘却的救主快要降临了罢①，我正有写一点东西的必要了。

三

在四十余被害的青年之中，刘和珍君是我的学生。学生云者②，我向来这样想，这样说，现在却觉得有些踌躇了，我应该对她奉献我的悲哀与尊敬。她不是“苟活到现在的我”的学生，是为了中国而死的中国的青年。

她的姓名第一次为我所见，是在去年夏初杨荫榆③女士做女子师范大学校长，开除校中六个学生自治会职员的时候。其中的一个就是她；但是我不认识。直到后来，也许已经是刘百昭率领男女武将，强拖出校④之后了，才有人指着一个学生告诉我，说：这就是刘和珍。其时我才能将姓名和实体联合起来，心中却暗自诧异。我平素想，能够不为势利所屈，反抗一广有羽翼⑤的校长的学生，无论如何，总该是有些桀骜⑥锋利的，但她却常常微笑着，态度很温和。待到偏安于宗帽胡同，赁屋授课⑦之后，她才始来听我的讲义，于是见面的回数就较多了，也还是始终微笑着，态度很温和。待到学校恢复旧观⑧，

---

①〔忘却的救主快要降临了罢〕这是讽刺的说法。意思是有些人快要忘记这件事了吧。忘却的救主，使人忘却的神。

②〔云者〕助词，表示提顿，以引起下文。

③〔杨荫榆〕江苏无锡人。1924年开始任国立北京女子师范大学校长，依附北洋军阀势力，迫害进步学生，镇压学生运动。后因参加抗日活动，被日寇杀害。

④〔刘百昭率领男女武将，强拖出校〕刘百昭，当时任教育部专门教育司司长兼北京艺术专门学校校长。女师大学生反对校长杨荫榆，教育总长章士钊派亲信刘百昭雇用男女流氓殴打学生，并把学生强行拖出学校。

⑤〔广有羽翼〕到处都有帮凶。羽翼，鸟的翅膀，这里指帮凶。

⑥〔桀骜（ào）〕形容性情倔强。骜，不顺从。

⑦〔偏安于宗帽胡同，赁屋授课〕反对杨荫榆的女师大学生被赶出学校后，在西城宗帽胡同租赁房屋作为临时校舍，于1925年9月21日开学。当时鲁迅和一些进步教师曾去义务教课，表示支持。偏安，这里的意思是被迫离开原来的地方，暂居另处。赁，租借。

⑧〔学校恢复旧观〕指女师大复校。

往日的教职员以为责任已尽，准备陆续引退[①]的时候，我才见她虑及母校前途，黯然[②]至于泣下。此后似乎就不相见。总之，在我的记忆上，那一次就是永别了。

四

我在十八日早晨，才知道上午有群众向执政府请愿的事；下午便得到噩耗，说卫队居然开枪，死伤至数百人，而刘和珍君即在遇害者之列。但我对于这些传说，竟至于颇为怀疑。我向来是不惮以最坏的恶意，来推测中国人的，然而我还不料，也不信竟会下劣凶残到这地步。况且始终微笑着的和蔼的刘和珍君，更何至于无端在府门前喋血[③]呢？

然而即日证明是事实了，作证的便是她自己的尸骸。还有一具，是杨德群君的。而且又证明着这不但是杀害，简直是虐杀，因为身体上还有棍棒的伤痕。

但段政府就有令，说她们是“暴徒”！

但接着就有流言，说她们是受人利用的。

惨象，已使我目不忍视了；流言，尤使我耳不忍闻。我还有什么话可说呢？我懂得衰亡民族之所以默无声息的缘由了。沉默呵，沉默呵！不在沉默中爆发，就在沉默中灭亡。

五

但是，我还有要说的话。

我没有亲见；听说她，刘和珍君，那时是欣然前往的。自然，请愿而已，稍有人心者，谁也不会料到有这样的罗网[④]。但竟在执政府前中弹了，从背部

---

①［引退］辞去官职。这里是告退的意思。

②［黯然］忧伤的样子。

③［喋（dié）血］流血满地。喋，血流出来的样子。

④［这样的罗网］鲁迅在《可惨与可笑》一文中指出：“三月十八日的惨杀事件，在事后看来，分明是政府布成的罗网。”在《空谈》一文中指出：“四十七个男女青年的生命，完全是被骗去的，简直是诱杀。”

入，斜穿心肺，已是致命的创伤，只是没有便死。同去的张静淑[①]君想扶起她，中了四弹，其一是手枪，立仆[②]；同去的杨德群君又想去扶起她，也被击，弹从左肩入，穿胸偏右出，也立仆。但她还能坐起来，一个兵在她头部及胸部猛击两棍，于是死掉了。

始终微笑的和蔼的刘和珍君确是死掉了，这是真的，有她自己的尸骸为证；沉勇而友爱的杨德群君也死掉了，有她自己的尸骸为证；只有一样沉勇[③]而友爱的张静淑君还在医院里呻吟。当三个女子从容地转辗于文明人所发明的枪弹的攒射中的时候，这是怎样的一个惊心动魄的伟大呵！中国军人的屠戮妇婴的伟绩，八国联军的惩创[④]学生的武功，不幸全被这几缕血痕抹杀了。

但是中外的杀人者却居然昂起头来，不知道个个脸上有着血污……

六

时间永是流驶，街市依旧太平，有限的几个生命，在中国是不算什么的，至多，不过供无恶意的闲人[⑤]以饭后的谈资，或者给有恶意的闲人[⑥]作"流言"的种子。至于此外的深的意义，我总觉得很寥寥，因为这实在不过是徒手的请愿。人类的血战前行的历史[⑦]，正如煤的形成，当时用大量的木材，结果却只是一小块，但请愿是不在其中[⑧]的，更何况是徒手。

然而既然有了血痕了，当然不觉要扩大。至少，也当浸渍[⑨]了亲族；师友，爱人的心，纵使时光流驶，洗成绯红，也会在微漠的悲哀中永存微笑的和

①［张静淑］湖南长沙人，北京女子师范大学教育系学生。受伤后经医治，幸得不死。

②［立仆］立刻倒下。

③［沉勇］沉着而勇敢。

④［惩创］惩罚，惩治。

⑤［无恶意的闲人］指一般庸俗的市民。

⑥［有恶意的闲人］指陈西滢之流。

⑦［人类的血战前行的历史］人类社会在流血斗争中发展的历史。

⑧［但请愿是不在其中的］为了积聚革命的力量，以有限的代价去换取更大的胜利，鲁迅是不主张采用向反动派请愿这种方式的。参看他在写《记念刘和珍君》后第二天写的《空谈》一文。

⑨［浸渍（zì）］浸润，渗透。

蔼的旧影。陶潜说过，“亲戚或余悲，他人亦已歌，死去何所道，托体同山阿[①]。”倘能如此，这也就够了。

七

我已经说过：我向来是不惮以最坏的恶意来推测中国人的。但这回却很有几点出于我的意外。一是当局者竟会这样地凶残，一是流言家竟至如此之下劣，一是中国的女性临难竟能如是之从容。

我目睹中国女子的办事，是始于去年的，虽然是少数，但看那干练坚决，百折不回的气概，曾经屡次为之感叹。至于这一回在弹雨中互相救助，虽殒身不恤[②]的事实，则更足为中国女子的勇毅，虽遭阴谋秘计，压抑至数千年，而终于没有消亡的明证了。倘要寻求这一次死伤者对于将来的意义，意义就在此罢。

苟活者在淡红的血色中，会依稀看见微茫的希望；真的猛士，将更奋然而前行。

呜呼，我说不出话，但以此记念刘和珍君！

研讨与练习：

（1）作者一方面说“我也早觉得有写一点东西的必要了”，另一方面又说“可是我实在无话可说”，类似的话还有一些，请找出来，结合全文认真体会，可以看出作者怎样的感情发展脉络？

（2）文章叙述了刘和珍的哪些事，从中可以看出刘和珍是怎样一个人？

（3）联系上下文，体会下列语句的深刻含义。你觉得哪些词语需要着重品味，请标示出来。结合品味语言，背诵课文第2、4节。

① 而此后几个所谓学者文人的阴险的论调，尤使我觉得悲哀。我已经出离愤怒了。我将深味这非人间的浓黑的悲凉；以我的最大哀痛显示于非人间，使它们快意于我的苦痛，就将这作为后死者的菲薄的祭品，奉献于逝者的灵前。

---

①〔亲戚或余悲……托体同山阿（ē）〕这是陶渊明所作的《挽歌》中的四句。意思是，亲族们有的余哀未尽，别的人也已经唱过挽歌。人死了还有什么可说，不过是寄托躯体于山陵，（最后）和山陵同化而已。山阿，山陵。鲁迅在这里引用这首诗，有青山埋忠骨之意，寄托了愿死者与青山同在的深挚感情。

②〔殒（yǔn）身不恤〕牺牲生命也在所不惜。殒，死亡。恤，顾虑。

② 真的猛士，敢于直面惨淡的人生，敢于正视淋漓的鲜血。这是怎样的哀痛者和幸福者?

③ 惨象，已使我目不忍视了；流言，尤使我耳不忍闻。我还有什么话可说呢？我懂得衰亡民族之所以默无声息的缘由了。沉默呵，沉默呵！不在沉默中爆发，就在沉默中灭亡。

④ 苟活者在淡红的血色中，会依稀看见微茫的希望；真的猛士，将更奋然而前行。

(4) 关于“三·一八”惨案，除本课介绍的之外，你还了解哪些？你对刘和珍、杨德群等受害学生了解多少？你还读过其他作家描写和议论这场青年学生请愿运动的文章吗？查阅有关资料，做些归类、分析，拟出发言提纲，与同学交流、讨论。想想扩展阅读和交流讨论怎样深化了你对课文的理解，你受到怎样的启发，写一点心得体会。

《记念刘和珍君》教学设计评析

我在写鲁迅先生这篇经典散文《记念刘和珍君》的教学评析时，真的好巧，时间是2019年10月19日，鲁迅先生逝世八十三周年纪念日。“横眉冷对千夫指，俯首甘为孺子牛”是鲁迅先生一生的写照，我们无比敬重他。现在我怀着崇敬的心情看完原文及教学设计，感觉教学设计中值得我学习的地方是：以读促学，拉近学生与文本之间的距离，加深学生对文本的理解，使语文教学真正回归文本。

例如教学设计中的环节一：诵读体悟，感受作者的复杂情感。大声诵读，感受“记念”这一主题下蕴含的复杂情感。环节二：文本细读，理解作者的复杂感情。精读文本细节，分别找出刘和珍事件涉及相关人物，然后分析作者对这些人物分别持什么情感态度。文章感情忧愤，爱憎分明，通过诵读，更能深入领会作者的思想感情。在“文本细读”时能带着问题去思考，通过圈画重点词句、捕捉重要信息点、在某个有疑问的地方做记号等深入文本的接触，更能把握文意，理清作者思想感情发展的脉络，从而与作者、与文本产生某种共鸣，在品味细读中领悟作者强烈的爱憎分明的感情。

我认为整个教学环节中有待改正的地方是：环节三的题目探究略显深奥，前面的引导穿插不够到位，突然让学生探讨这样一个沉重的话题，学生会束手无策，显得被动。

《记念刘和珍君》是人教版语文必修1第三单元第7课，刚上高一的学生虽具备独立阅读记叙文的能力，具备一定的感性认识，但理性认识不足，逻辑思辨能力不强，对阅读较复杂的记叙文有一定的难度。《记念刘和珍君》一文，因写作背景远离今天的时代，与学生的生活体验存在较大的差异，再加上鲁迅先生的杂文不免有些艰涩难懂，造成了学生阅读的困难。在学生充分细读原文后，还是要先从激起学生阅读兴趣入手：可让学生把自己的阅读疑问提出来，每人提出至少三个有价值的问题，经过思考，能够回答的则附上答案。让学生自己设定学习内容，根据学生的需求探讨文本，吸引学生的注意力，激活学生的思维，从而逐步构建起读者与文本的对话，读者与作者的思想形成共鸣。

《西游记》精读和跳读教学设计

动物世界、儿童的游戏性、天真的童心与非逻辑的想象，这一切形成了弥散在《西游记》中的童话的气氛。也正是在这样的一种气氛中，孙悟空才得以左右逢源，如鱼得水，充分自由地发展他的性格特征，并且将他性格的精神内涵推向了最完美的高度。

——林庚

我少年时读之，老年也读之，越读越觉得有味道，真是百读不厌，我把它看成一部人生教科书……它给人以大眼光、大境界、大省悟、大触动。

——贾植芳

对《西游记》，同学们应该不陌生吧？这部中国古典文学名著流传很广，曾多次被拍成电影、电视剧，甚至被改编成了电子游戏。你接触过那些改编作品吗？喜欢吗？

这是一部很有趣的书，鲁迅先生称之为“神魔小说”，林庚先生称之为“童心之作”，是中国古典文学中富有想象力的作品之一。小说围绕着唐僧、孙悟空、猪八戒、沙僧师徒前往西天取经的主线，写了许多降妖除魔的故事。各路神佛妖魔在天上地下、龙宫冥府、山林湖海，尽情地施展各自神通，如孙悟空就有七十二变、火眼金睛、筋斗云等超凡能力，其他神妖如猪八戒、二郎神、牛魔王、红孩儿等也都各有所长，读来令人兴趣盎然。

全书故事引人入胜，前七回讲孙悟空的身世和大闹天宫的故事；第八回到第十二回介绍师傅，交代西天取经这一中心事件的由来；第十三回到第一百回是小说故事的主体，讲述唐僧师徒取经路上战胜无数妖怪，历经重重磨难，终于到达西天，取回真经的故事。这些故事大多情节曲折，扣人心弦，其中的大闹天宫、三打白骨精、大战红孩儿、车迟国斗法、女儿国遇难、真假美猴王、三借芭蕉扇等故事尤为精彩。

《西游记》善于塑造人物，无论是孙悟空、猪八戒、唐僧等主要人物，还是各路神佛妖魔鬼怪等次要角色，都写得栩栩如生、个性鲜明，令人难忘。

孙悟空号称“美猴王”“齐天大圣”，是中国古典小说中塑造得非常成功、非常受人欢迎的艺术形象之一。他本领高强，会七十二变，一副钢筋铁骨，又在太上老君的炼丹炉里练成了一双火眼金睛，能识破一切妖魔鬼怪。他生性桀骜不驯，爱憎分明，敢于挑战天宫的权威，不惮于跟十万天兵天将对阵。后来，他保护唐僧西天取经，一路出生入死，忠贞不二，制服了无数妖魔鬼怪，为取经的成功立下了汗马功劳。

猪八戒也是《西游记》中深受人们喜爱的角色。他本是天上的天蓬元帅，因醉酒调戏嫦娥，被贬下凡，错投猪胎，长成一副长嘴大耳、呆头呆脑的样子。他有很多缺点，如好吃懒做、见识短浅、爱搬弄是非、爱占小便宜、说谎、贪恋女色、一遇到困难就嚷嚷着散伙等。但猪八戒也不失忠勇和善良，在与妖魔斗争时，他总是挥舞钉钯，勇猛战斗，而且能干脏活累活，是孙悟空的得力助手。他憨厚淳朴，知错就改，是一个惹人发笑的喜剧形象。

小说的思想比较复杂，释、道、儒都有所涉及，后世对它的主题的阐释也多种多样。抛开小说的宗教外衣，对今天的青少年来说，这部小说也许更像一个智慧故事：人生就要有所追求，为了实现理想而披荆斩棘，不畏任何艰难险阻，以超强的韧劲和斗志战胜一切困难，直至到达胜利的终点。

一、读书方法指导

我们读一本书，根据兴趣或读书目的的不同，可以分别采用精读或跳读的方法。精读指向细腻的感受、透彻的理解和广泛的联想；跳读则是主动地舍弃、有意地忽略，以求更高的效率。这两种方法在同一阅读过程中是可以交替使用的。读《西游记》这样的古典小说，就适合精读与跳读并用。

例如，孙悟空三借芭蕉扇的故事，就很值得精读。唐僧师徒四人去西天取经，路遇火焰山受阻。孙悟空万不得已，到翠云山向牛魔王之妻罗刹女（铁扇公主）借芭蕉扇。作者用了三个章回的篇幅来讲述这个故事，场面宏大，情节曲折，人物个性鲜明，在《西游记》诸多故事中很具代表性。对此我们怎样精读呢？

（1）精读就是细读。想一想，孙悟空借芭蕉扇为什么会遭到拒绝？这与孙悟空在观音菩萨的帮助下，降服了牛魔王与罗刹女之子红孩儿有关。如果不仔细阅读作者的回叙，就无法理解“借扇”的艰难。

（2）精读就是精思。想一想，一借芭蕉扇被骗后沙僧、猪八戒、唐僧三人关于是否“西行”的对话，表现了各自怎样的心理？可以这样概括：沙僧认为“进退两难”，深为取经前途担忧；猪八戒想“拣无火处走”，其一贯的“散伙”想法再次复燃；唐僧“只欲往有经处”，表达了坚定不移的取经决心。

（3）精读就是鉴赏。想一想，孙悟空、罗刹女的语言各有什么特点？孙悟空的话是不是机智善变？罗刹女的话是不是泼辣犀利？作者用“撮盐入火，火上浇油”来形容罗刹女憎恨孙悟空的情态，用“旋风翻败叶，流水淌残花”来形容孙悟空被芭蕉扇“扇得无影无形”的情形，是不是都非常真切传神？

跳读可以跳过与阅读目的无关或自己不感兴趣的内容，也可以跳过某些不甚精彩的章节。例如，书中一些描写人物外貌、打斗场面或环境气氛的诗词，有“说书人”渲染夸饰的痕迹，大多处于“游离状态”，可以略而不读。再有，书中少数降妖伏魔故事，套路雷同，情节简单，也可以跳过。

总之，精读和跳读作为两种适应不同情形的阅读方法，在阅读一些长篇著作时可结合运用。它们有一个共同的目的，就是要抓住一部作品的重要内容、精彩片段，加以解读欣赏，而忽略那些无关紧要或并不精彩的内容，从而提高阅读的效率。

二、专题探究

全班共同阅读《西游记》，然后根据各自的兴趣，选择自己喜欢的专题（也可以另外设置专题），以小组为单位进行专题探究。

专题一：取经故事会

唐僧师徒西天取经的路上经历了重重磨难，构成了一系列惊险而曲折的故事。选择你最喜欢的一个故事讲给大家听。要求：

（1）讲故事的时候别再看书，但可以看自己准备的提纲。

（2）注意讲出故事曲折的情节以及某些生动的细节，吸引听众的注意力。

专题二：话说唐僧师徒

唐僧师徒四人，你最喜欢的是谁？写一篇短文介绍这个人物。要求：

（1）概括介绍人物的身世。

（2）用几句话勾勒性格特征，并引用一些故事来印证，最好有些细节。

（3）写出你喜欢这个人物的理由。

专题三：创作新故事

从小说中找出几个故事，分析一下其情节结构的模式，包括如何开头，如何结尾，妖精有何来历，唐僧师徒如何解决等。然后大胆发挥想象，自己创作一个取经路上的新故事。要求：

（1）虚构要合理，人物的表现必须符合其性格特征。

（2）故事生动有趣，注意设置悬念，还要有具体的细节。

《西游记》精读和跳读教学设计评析

《〈西游记〉精读和跳读教学设计》首先从“全书故事引人入胜、《西游记》善于塑造人物、小说的思想比较复杂”三个方面介绍了《西游记》的特色。这三个方面着重谈的是情节与环境。这与小说的文体特征是相符的，同时让学生通过这个环节对全书有一个初步的了解。

然后进行了读书方法指导，认为读《西游记》这样的古典小说，适合精读与跳读并用。那么什么是跳读，什么是精读？教学设计者认为跳读可以跳过与阅读目的无关或自己不感兴趣的内容，也可以跳过某些不甚精彩的章节。而精读则从“精读就是细读、精读就是精思、精读就是鉴赏”三方面进行指导。这就让学生对精读与跳读有了较明晰的概念，并且可以尝试着自己进行精读与跳读。精读与跳读是两种常用的阅读方法，学生如能掌握，必会受益终身。

最后则设计了专题探究，要求全班共同阅读《西游记》，然后根据各自的兴趣，选择自己喜欢的专题，以小组为单位进行专题探究。教学设计者设置了“取经故事会、话说唐僧师徒、创作新故事”三个专题探究活动，引导学生关注故事的情节、人物及再创作。教学设计中有较明确的指令，构思很巧妙。在这三个专题探究活动中，同时体现了精读与跳读的要求，符合本课的重点设定。例如，“取经故事会”要求“讲故事的时候别再看书，但可以看自己准备的提纲”，体现的是跳读的要求，学生需要做的是快速阅读，把握主要事实。“话说唐僧师徒”要求“讲出故事曲折的情节以及某些生动的细节”则体现的是精读的要求，学生需要细读内容，思考哪些情节属于“曲折的情节”，并能鉴赏何为“生动的细节”。

此教学设计思路很清晰，一环扣一环，让学生对精读与跳读有了更深的认识。但设计中也存在一些不足之处，主要表现为内容较丰富，但指导不够具体。在专题探究环节中，虽然发出了明晰的指令，让学生明确该做什么，但是该如何完成这个指令呢？这个令很多学生感到头疼的问题教学设计者却避而不谈，匆匆略过。例如“精读就是细读”中，能够引导学生思考孙悟空借芭蕉扇为什么会遭到拒绝，从而理解“借扇”的艰难，但是在“取经故事会”中“让学生选择一个最喜欢的故事讲给大家听，要求讲出故事曲折的情节”，却对哪些才是“曲折的情节”缺少引导。

总之，此教学设计对精读与略读的指导比较全面，既有概念的厘清，也有具体实践的引导。如果能在指导学生如何做方面加强引导，相信会让学生收获更大。

《刘姥姥进大观园》教学设计

一、教学内容

本文安排在部编版语文九年级上册第六单元第24课。文后的阅读提示和课文旁批集中提到了三个方面的内容：①从刘姥姥的视角，关注文中描写贾府的内容；②关注文章铺垫、悬念、伏笔和照应的手法；③关注刘姥姥的语言描写语段和描写众人笑的语段。“贾府”是典型环境，“刘姥姥”是其中一个典型人物。如何将刘姥姥这一典型小人物置于大观园这样一个典型大环境中，充分地展现人物特点，这就彰显了《红楼梦》这部巨著的独特笔法。

二、教学目标

（1）将文中关于房舍、物件、路线和人物描写的语句归类圈点批注，感受贾府之大。

（2）整合不同人物的“笑”，分析作者描写人物、场面的独特表现手法。（教学重点）

（3）解构描写刘姥姥语言的语句，判断刘姥姥的人物性格。

（4）辨别运用了悬念手法的语句，分析小说的特殊笔法。（教学难点）

三、教学目标确定依据

1. 依据选文特征

《刘姥姥进大观园》节选自《红楼梦》第四十回，《红楼梦》是一部具有世界影响力的人情小说作品，是举世公认的中国古典小说巅峰之作，是中国社会的百科全书，传统文化的集大成者。从全书来看，通过刘姥姥的独特视角，写活了贾府中的许多人物，并为其中人物的命运埋下了重要的伏笔。可以说，刘姥姥在整本书中都有着举足轻重的作用。从本文来看，刘姥姥是主角，积极配合，卖力“表演”滑稽搞笑，贾母等人则是配角兼观众。作者通过雅与俗、庄与谐的对比，营造出了强烈的戏剧效果，表现了人物的性格。

2. 依据基本学情

九年级的学生已经学习过一些近现代小说，了解并略读过《红楼梦》《西游记》等经典白话小说，具备一定的文体知识和阅读能力。

3. 依据编者意图

本文收录于统编教材九年级上册第六单元，本单元的4篇作品均是明清白话小说的精彩片段。阅读提示指出：“这些精彩片段情节引人入胜，人物形象鲜明，有很高的艺术价值。学习这个单元，要抓住小说的主要线索，梳理故事情节；把握人物形象，探讨其性格形成的原因；结合具体描写，了解古代白话小说的艺术特点。”本篇在单元中的定位为自读课文，学生在教师的带领下已经学习过三篇经典片段，因此学习本文要让学生运用前面所学的知识进行自读，学一篇而知一类。

4. 依据课程标准

新课标指出：“欣赏文学作品，要有自己的情感体验，对作品中感人的情境和形象，能说出自己的体验，品味作品中富于表现力的语言。”本文通过雅与俗、庄与谐的对比，营造出强烈的喜剧效果；教学过程中，主要通过品析和朗读来让学生体验和感受。

四、教学活动基本流程

活动一：“小”节选，“大”背景——介绍作家作品，了解红楼人事。

活动二：“小”视角，“大”贾府——归类文章信息，感知选文内容。

活动三：“小”情节，“大”开合——辨别悬念写法，感悟小说主题。

活动四：“小”人物，“大”舞台——解构语言描写，判断人物性格。

五、教学活动具体安排

活动一：“小”节选，“大”背景

文学常识—文体常识—字词教学。

活动二：“小”视角，“大”贾府

理理线路—说说房舍—数数物件—点点人数。

活动三：“小”情节，“大”开合

指导朗读—分析形象—鉴赏悬念—揭示主题。

活动四：“小”人物，“大”舞台

谁在笑？—怎么笑？—谁没笑？

六、预设问题

（拟在哪个环节中、在什么教学情境下提出什么问题）

刘姥姥是全书中的小人物，但以她独特的视角，我们看到贾府的大场面，《红楼梦》的大气象。因此，本教学设计以“小”和“大”的对比为线索串联内容，逐层展开，共有四个活动。经过前面三个活动的铺垫，学生对刘姥姥的人物形象以及众人的活动背景有了进一步的了解，因此在第四个活动中我们将要重点关注课文旁批中提出的问题：文章第7自然段写众人之笑妙在何处？

七、预设问题讲解概要

1. 点面结合，各具特色

首先讨论“谁在笑”。作者先写湘云、黛玉、宝玉、贾母、王夫人、薛姨妈、探春、惜春等人在笑，这些是作者选“点”写笑。紧接着写“地下无一个不弯腰屈背，也有躲出去蹲着笑去的，也有忍着笑上来替他姐妹换衣裳的”，这是作者选“面”写笑。作者运用点面结合的表现手法写活了笑的场面。

2. 动作描写，情态不一

接着讨论“怎么笑”。在笑的时候，每一个人物的动作也是不一样的，于是讨论“各自是怎么笑”的。湘云“喷”着笑，黛玉“伏”着笑，宝玉“滚”着笑，贾母“搂”着笑，王夫人“指”着笑，薛姨妈“喷”着笑，探春“合”着笑，惜春“拉”着笑，丫鬟仆人们“躲”着笑、“忍”着笑。每一个人笑的姿态都不一样，作者通过动作表现出来，几乎不重复。一个小小的场面，简单的一“笑”不同情态，各具特点。而且每一种“笑”后面也潜藏着人物不一样的性格特点。

3. 语言描写，绘声绘色

然后换角度讨论“怎么笑”。例如，黛玉笑岔了气，伏着桌子只叫“嗳哟！”；贾母笑的搂着叫“心肝”；惜春离了座位，拉着他奶母，叫“揉揉肠子”。作者巧选三个典型人物的语言进行描写，黛玉是最美的，贾母是最尊贵的，惜春是最幼小的，写众人的笑极富个性，刻画细腻，且绘声绘色。

4. 动静结合，妙趣横生

最后讨论“谁没笑”。其实在众人大笑的时候，王熙凤和鸳鸯是忍住不笑。一面是众人笑声鼎沸，一面是她俩“束手旁观”，安安静静。作者通过动静结合进行描写，既写出了这场闹剧是由王熙凤和鸳鸯导演，又让场面描写有了层次感，以静衬动，妙趣横生。

总之，第7自然段，作者通过雅与俗、庄与谐的对比，营造出强烈的喜剧效果。文中描绘众人大笑时的不同情态，各具特色，刻画细腻，历来为人所称道。教学的过程中，主要通过品析和朗读来让学生体验和感受这些特殊表现手法之妙。

附：

刘姥姥进大观园[①]

曹雪芹

贾母便笑道：“这屋里窄，再往别处逛去。”刘姥姥笑道：“人人都说大家子住大房，昨儿见了老太太正房，配上大箱、大柜、大桌子、大床，果然威武。那柜子比我们那一间房子还大还高。怪道[②]后院子里有个梯子，我想并不上房晒东西，预备个梯子做什么？后来我想起来，一定是为开顶柜收放东西，离了那梯子怎么上得去呢？如今又见了这小屋子，更比大的越发齐整了，满屋里的东西都只好看，都不知叫什么，我越看越舍不得离了这里了！”凤姐道：

① 节选自《红楼梦》第四十回（人民文学出版社，1964年版）。题目是编者加的。《红楼梦》是我国古代小说的巅峰之作，小说以贾宝玉、林黛玉的爱情悲剧为线索，讲述了以贾家为代表的四大家族的兴衰史，反映了封建社会晚期广阔的社会现实。曹雪芹（约1715—约1763），名霑，字梦阮，号雪芹，清代小说家。

②〔怪道〕难怪，怪不得。

"还有好的呢，我都带你去瞧瞧。"

说着，一径①离了潇湘馆②，远远望见池中一群人在那里撑船。贾母道："他们既备下船，咱们就坐一回。"说着，便向紫菱洲③蓼溆④一带走来。未至池前，只见几个婆子手里都捧着一色摄丝戗金⑤五彩大盒子走来，凤姐忙问王夫人："早饭在哪里摆？"王夫人道："问老太太在哪里，就在哪里罢了。"贾母听说，便回头说："你三妹妹那里好，你就带了人摆去，我们从这里坐了船去。"

凤姐听说，便回身和李纨、探春、鸳鸯、琥珀带着端饭的人等，抄着近路到了秋爽斋⑥，就在晓翠堂上调开桌案。鸳鸯笑道："天天咱们说外头老爷们：吃酒吃饭，都有一个凑趣儿的，拿他取笑儿。咱们今儿也得了一个女清客⑦了。"李纨是个厚道人，倒不理会；凤姐儿却听着是说刘姥姥，便笑道："咱们今儿就拿他取个笑儿。"二人便如此这般商议。李纨笑劝道："你们一点好事也不做！又不是个小孩儿，还这么淘气。仔细老太太说！"鸳鸯笑道："很不与大奶奶相干，有我呢。"

正说着，只见贾母等来了，各自随便坐下，先有丫鬟挨人递了茶，大家吃毕，凤姐手里拿着西洋布手巾，裹着一把乌木三镶银箸⑧，按席摆下。贾母因说："把那一张小楠木桌子抬过来，让刘亲家挨着我这边坐着。"众人听说，忙抬过来，凤姐一面递眼色与鸳鸯，鸳鸯便忙拉刘姥姥出去，悄悄的嘱咐了刘姥姥一席话，又说："这是我们家的规矩，要错了，我们就笑话呢。"

---

①［一径］径直。图案嵌入赤金。

②［潇湘馆］荣国府里的大观园院落之一，林黛玉的住所。

③［紫菱洲］大观园院落之一，贾迎春的住所。

④［蓼溆（liǎo xù）］水边有着许多花草的地方，这里指大观园中的一个景点。蓼，一年生草本植物。溆，水边。

⑤［摄丝戗（qiàng）金］把捏成各种图案花纹的金丝嵌在器物上。戗金，在漆器上雕刻图案嵌入赤金。

⑥［秋爽斋］大观园院落之一，贾探春的住所。

⑦［清客］旧时称在豪富人家帮闲凑趣的人。

⑧［乌木三镶银箸］乌木材质坚实，不易弯曲，所以常用来制作筷子。一些奢华的筷子，除用银包住下截外，还装饰上顶和中腰两部分，叫作三镶银。

调停[①]已毕，然后归坐。薛姨妈是吃过饭来的，不吃，只坐在一边吃茶。贾母带着宝玉、湘云、黛玉、宝钗一桌，王夫人带着迎春姊妹三人一桌，刘姥姥挨着贾母一桌。贾母素日吃饭，皆有小丫鬟在旁边拿着漱盂、麈尾[②]、巾帕之物，如今鸳鸯是不当这差的了，今日偏接过麈尾来拂着。丫鬟们知他要捉弄刘姥姥，便躲开让他。鸳鸯一面侍立，一面递眼色。刘姥姥道："姑娘放心。"

那刘姥姥入了坐，拿起箸来，沉甸甸的不伏手[③]，——原是凤姐和鸳鸯商议定了，单拿一双老年四楞[④]象牙镶金的筷子与刘姥姥。刘姥姥见了，说道："这个叉巴子[⑤]，比我们那里的铁锨还沉，哪里拿的动他。"说的众人都笑起来。只见一个媳妇端了一个盒子站在当地，一个丫鬟上来揭去盒盖，里面盛着两碗菜，李纨端了一碗放在贾母桌上，凤姐儿偏拣了一碗鸽子蛋放在刘姥姥桌上。

贾母这边说声"请"，刘姥姥便站起身来，高声说道："老刘，老刘，食量大如牛：吃个老母猪，不抬头！"说完，却鼓着腮帮子，两眼直视，一声不语。众人先是发怔，后来一想，上上下下都一齐哈哈大笑起来。湘云掌[⑥]不住，一口茶都喷出来。林黛玉笑岔了气，伏着桌子只叫"嗳哟！"宝玉滚到贾母怀里，贾母笑的搂着叫"心肝"，王夫人笑的用手指着凤姐儿，却说不出话来。薛姨妈也掌不住，口里的茶喷了探春一裙子。探春的茶碗都合在迎春身上。惜春离了坐位，拉着他奶母，叫"揉揉肠子"。地下无一个不弯腰屈背，也有躲出去蹲着笑去的，也有忍着笑上来替他姊妹换衣裳的。独有凤姐鸳鸯二人掌着，还只管让刘姥姥。

刘姥姥拿起箸来，只觉不听使，又道："这里的鸡儿也俊，下的这蛋也小巧，怪俊的。我且得一个儿[⑦]！"众人方住了笑，听见这话又笑起来。贾母笑的眼泪出来，只忍不住；琥珀在后捶着。贾母笑道："这定是凤丫头促狭鬼

---

①［调停］安排处理。

②［麈（zhǔ）尾］古人闲谈时拿着驱虫、掸尘的用具。麈，指鹿一类的动物。

③［不伏手］不称手，不好用。

④［楞（lèng）］同"棱"。

⑤［叉巴子］一种竹木制成的、杈样的农具。

⑥［掌］支撑，忍耐。

⑦［且得一个儿］这里是弄一个来吃的意思。

儿[1]闹的，快别信他的话了。”

那刘姥姥正夸鸡蛋小巧，凤姐儿笑道：“一两银子一个呢！你快尝尝罢，冷了就不好吃了。”刘姥姥便伸筷子要夹，哪里夹的起来？满碗里闹了一阵，好容易撮起一个来，才伸着脖子要吃，偏又滑下来，滚在地下。忙放下筷子，要亲自去拣，早有地下的人拣出去了。刘姥姥叹道：“一两银子也没听见响声儿就没了！”

众人已没心吃饭，都看着他取笑。贾母又说：“谁这会子又把那个筷子拿出来了，又不请客摆大筵席！都是凤丫头支使的！还不换了呢。”地下的人原不曾预备这牙箸，本是凤姐和鸳鸯拿了来的，听如此说，忙收过去了，也照样换上一双乌木镶银的。刘姥姥道：“去了金的，又是银的，到底不及俺们那个伏手。”凤姐儿道：“菜里要有毒，这银子下去了就试的出来。”刘姥姥道：“这个菜里有毒，俺们那些都成了砒霜了！那怕毒死了，也要吃尽了。”贾母见他如此有趣，吃的又香甜，把自己的菜也端过来给他吃。又命一个老嬷嬷来，将各样的菜给板儿夹在碗上。

一时吃毕，贾母等都往探春卧室中去说闲话。这里收拾过残桌，又放了一桌。刘姥姥看着李纨与凤姐儿对坐着吃饭，叹道：“别的罢了，我只爱你们家这行事！怪道说‘礼出大家’。”凤姐儿忙笑道：“你可别多心，才刚不过大家取乐儿。”一言未了，鸳鸯也进来笑道：“姥姥别恼，我给你老人家赔个不是罢。”刘姥姥忙笑道：“姑娘说哪里的话？咱们哄着老太太开个心儿，有什么恼的！你先嘱咐我，我就明白了，不过大家取个笑儿。我要恼，也就不说了。”鸳鸯便骂人：“为什么不倒茶给姥姥吃。”刘姥姥忙道：“刚才那个嫂子倒了茶来，我吃过了，姑娘也该用饭了。”凤姐儿便拉鸳鸯坐下道：“你和我们吃罢，省了回来又闹。”鸳鸯便坐下了，婆子们添上碗箸来，三人吃毕。

1. 阅读提示

社会底层的一个农家老妇，来到京城贵族之家，与上流社会的贾母、王熙凤等人一起进餐，闹出了很多笑话。这场“笑”剧，凤姐和鸳鸯是导演，有

---

①〔促狭鬼儿〕爱捉弄人的人。促狭，爱捉弄人。

意策划，精心设计；刘姥姥是主角，积极配合，卖力“表演”，滑稽搞笑；贾母等人则是配角兼观众。作者通过雅与俗、庄与谐的对比，营造出强烈的喜剧效果。文中描绘诸人大笑时的不同情态，各具特色，刻画细腻，历来为人所称道。阅读时要注意体会。

刘姥姥虽然不是《红楼梦》中的主要人物，却是塑造得最成功的形象之一，其语言、动作极富人性。阅读时，画出描写其语言、动作的语句，把握其性格特点。也可以结合整部小说，了解这个人物在全书中所起的作用。

2. 读读写写

调停　发怔　岔气　促狭　筵席

3. 恰当使用关联词语

复句中往往会使用一些关联词语，用来连接分句，表明分句之间的关系。恰当使用关联词语，可以使语义表达更清晰，语句更顺畅。关联词使用不当，最常见的有下列几种情况：

（1）关联词语搭配不当，有些关联词语是成对使用的，不能用错。比如：

语文学习不是一朝一夕的事，只要多读多写，日积月累，才能真正学好语文。（应将“只要”改为“只有”）

（2）误用关联词语，即该用甲而用了乙。例如：

不是亚洲金融危机多么严重，就是世界经济增速减慢，都无法阻挡中国前进的步伐。（“不是……就是”应改为“不管……还是”）

（3）缺少或滥用关联词语，即该用而不用，不该用却滥用。例如：

因为非典型肺炎来势凶猛，极易传染，所以医务工作者临危不惧，忘我地奋斗在“抗非典”的第一线。（滥用“因为……所以”，宜将关联词语去掉）

《刘姥姥进大观园》教学设计评析

《刘姥姥进大观园》一文安排在部编版语文九年级上册第六单元第24课。此教学设计抓住小说的文体特征进行，体现了“小切口，深挖掘”的特点，亮点很多。当然，任何事物都无法达到完美的程度，此设计依然留有遗憾。

一、设计亮点

1. 目标明确且细致

教学设计者依据选文特征、基本学情、编者意图、课程标准、布卢姆教育目标分类法等内容进行了目标设计，非常详细，也很细致，具有较强的可操作性。例如，“将文中关于房舍、物件、路线和人物描写的语句归类圈点批注，感受贾府之大”，不仅确定了学生要感受贾府之大的特征，还点明了通过“将文中关于房舍、物件、路线和人物描写的语句归类圈点批注”的方式去感受。这样的目标让教师、学生很明确该达到的目标及达到目标的方式。

2. 重难点突出

教学设计以“整合不同人物的‘笑’分析作者描写人物、场面的独特表现手法”为教学重点，以“辨别运用了悬念手法的语句，分析小说的特殊笔法”为难点，重难点突出，尤其是后面的设计内容，确实体现了何为重点。

3. 抓住“小与大的对比”，让学生把握作品内容

教学设计从“‘小’节选，‘大’背景；‘小’视角，‘大’贾府；‘小’情节，‘大’开合；‘小’人物，‘大’舞台”四个方面进行对比，串起了教学目标的方方面面，使得文章虽然内容很多，但不显杂乱。

4. 以笑为重点进行赏析

教学设计通过设置三个问题（谁在笑？怎么笑？谁没笑？）落实了设定的

教学重点——“整合不同人物的‘笑’分析作者描写人物、场面的独特表现手法”。重点突出，指导有效。

二、设计遗憾

此教学设计以“笑”为重点进行赏析，但是有些内容没有交代清楚，所以还是留下了一些遗憾。如：

（1）如何引导学生“学一篇而知一类”？本文为自读课文，在这篇文章之前学生已经学习过三篇经典片段，因此学习本文要提高学生的自读能力，学一篇而知一类。但是设计中并没有对“一类”内容进行拓展，也就无从得知教学设计者如何引导学生“学一篇而知一类”。

（2）此教学设计设计了四个教学目标，完成这些目标需要多少个课时？设计了四个活动，活动时间如何分配？设计中并没有出现相关内容。

（3）教学设计者设计了很多活动，但没有明确标注哪些是学生活动，哪些是教师引导，增大了活动落实的难度。

（4）目标三和四没有落实。教学设计设置的目标三“解构描写刘姥姥语言的语句，判断刘姥姥的人物性格”；目标四“辨别运用了悬念手法的语句，分析小说的特殊笔法”该如何落实？没有相关内容。

（5）“每一种笑后面都隐藏着人物不一样的性格特征”，是怎样的性格特征？似乎没有相关内容让学生落实。

《孔乙己》教学设计

——透过双手看人生

一、教学内容

语文版九年级上册第二单元第5课《孔乙己》（第2课时）。

二、教学目标

（可在其中标明重点、难点）

（1）通过赏析孔乙己的“手”，把握人物形象。（教学重点）

（2）通过研读和探究，理解造成孔乙己悲惨命运的根源。（教学难点）

三、教学目标确定依据

1. 基于教材

《孔乙己》是语文版九年级上册第二单元的第一篇小说，文章以极其俭省的笔墨和典型的生活细节，叙述了孔乙己痛苦和不幸的一生，意在表达“一般社会对一个苦人的薄凉”。

2. 基于课标和单元说明要求

（1）新课标指出：“阅读教学的重点是培养学生具有感受、理解、欣赏和评价的能力”。

（2）单元说明要求：“学习本单元的小说，着重把握人物的性格特点，对人物形象做出评价；还要品味小说中富有表现力的语言，提高文学鉴赏力。”

3. 基于学情

九年级学生从细节中去品味和鉴赏语言的能力还比较薄弱，还会忽略人物的细节描写对刻画人物形象和把握主题的重要性。

4. 基于“一语三文”教学理念

“一语三文”即立足语言，从文章层面分析内容，从文学层面分析语言和技巧，从文化层面探究内涵。

四、教学活动具体安排

（具体规划每一个环节的学习活动安排）

1. 以写促读导入

通过外貌描写展现你最熟悉的人的性格特点。

设计意图：以写促读，设置悬念。

2. 扣细节，品人物

（1）跳读自学——寻“手”

运用跳读的方法，圈点勾画，力求全面，找出文中与孔乙己“手”有关的细节描写。

设计意图：从文章层面把握文中与“手”有关的内容。

（2）精读领悟——“析”手

精读语段，在这些描写“手”的细节中，你读出了一个什么样的孔乙己？

设计意图：通过品句品词，分析孔乙己的性格特征；学会运用细节描写的方法塑造人物形象。

（3）合作探究——议“手”

是什么原因造成孔乙己“写字的手”变为“偷东西的手”和“代替脚走路的手”？从个人、社会和封建科举制度等方面把握造成孔乙己悲惨命运的原因。

设计意图：现学现用，提高学生分析人物形象的能力。

3. 拓展延伸

阅读萧红的《手》，用阅读《孔乙己》学到的分析人物的方法，从细节描写分析主人公形象。

请参照下面句式作答：

我从第____段中关于手的“________________________________”句子中的“________”这个词可以看出王亚明是一个________的人。

4. 师生小结

同学们，这节课我们学到了通过细节描写去塑造人物形象的方法。从孔乙己的手，我们看到了他悲惨的人生；从王亚明的手，我们看到了她悲凉的人生。我们在为他们的人生感叹的同时，又何尝不在思考：当今社会是一个充满机遇、充满竞争的社会，它需要人们适应社会，用自己的学识和双手，发愤进取、努力拼搏，为自己寻求一席之地。那么，我们的双手又能给我们创造怎样的人生呢？

设计意图：教师通过对文本的个性化解读，引导学生融入自己的生命和情感体验，进行个性化解读。

5. 作业布置

（1）文中还有哪些地方可以对孔乙己的“手”进行描写？请结合文中语境，发挥想象，进行细节描写，完成字数不少于150字的片段描写。

（2）阅读鲁迅的《阿Q正传》和《祝福》。

设计意图：提高学生利用细节描写塑造人物形象的写作能力，增加阅读量。

预设问题：（拟在哪个环节中、在什么教学情境下提出什么问题）

在活动二“扣细节，品人物”的“析‘手’”的教学重点环节中，拟提问题如下：

（1）能将“排”改成“拿”吗？

（2）能将“摸”改成“掏”吗？

（3）从先用“排”后用“摸”可以折射出孔乙己什么样的命运？（引出难点）

五、预设问题讲解概要

对“排”和“摸”文字内涵的理解：教师通过引导学生动作演绎和字理品词，走进“说文解字”，帮助学生理解“排”和“摸”的文字文化内涵，让学生明白同样是付酒钱的动作，从“排”的“用力向两侧开辟通道”到“摸”的“在昏暗中探索”，一前一后形成鲜明的对比，这也预示着孔乙己的肉体、精神和生活境遇每况愈下，人生走向了昏暗与末路，为引出教学难点做好铺垫。

附：

手

萧 红

从来没有见过这样的手：蓝的，黑的，又好像紫的；从指甲一直变色到手腕以上。

我们叫她“怪物”。教师点名时每次一喊到王亚明，她都起来，把两只青黑手垂得很直，肩头落下去，面向着棚顶说：“到，到，到。”

全班的同学都在笑。可是王亚明却安然的坐下去，青黑色的手开始翻转着书页。

数学课上，她读起算题来也和读文章一样；午餐的桌上，那青黑色的手已经抓到了馒头，她还想着地理课本；夜里她躲在厕所里边读书，天将明的时候，她就坐在楼梯口。她的眼睛爬满着红丝条；贪婪，把持，和那青黑色的手一样在争取她不能满足的愿望。

校长已说过她几次：“你的手，就洗不净了吗？操场上竖起来的几百条手臂都是白的，就是你，特别呀！真特别。”女校长用她贫血的和化石一般透明的手指去触动王亚明的青黑色手，好像是害怕，微微有点抑止着呼吸，就如同让她去接触黑色的已经死掉的鸟类似的。“学校的墙很低，春天里散步的外国人又多，他们常常停在墙外看的。等你的手褪掉颜色再上早操吧！”

大风在窗外倒拔着杨树的那天，她背向着教室，也背向着我们，对着窗外的大风哭了，她用那已经开始在褪着色的青黑色的手捧着眼泪。这一次，好像风声都停止了，她还没有停止。

宿舍搬家的那天，我似乎已经睡着了，但能听到隔壁在吵叫着：“我不要她，我不和她并床……”“我也不和她并床。”

我再细听，就什么也听不清了，只听到嗡嗡的笑声和绞成一团的吵嚷。夜里我偶然起来到过道去喝了一次水。长椅上睡着一个人，立刻就被我认出来，那是王亚明。两只青黑手遮着脸孔。我想她一定又是借着过道的灯光在夜里读书，可是她的旁边也没有什么书本，包袱和一些零碎就在地板上围绕着她。

我看着墙上的影子，那影子印在墙上也和头发一样颜色。

“惯了，就是地板也一样睡，念书是要紧的……爹爹可是说啦！三年毕业，再多半年，他也不能供给我学费……这英国话，我的舌头可真转不过弯来。”

她读书的样子完全和刚来的时候不一样，那喉咙渐渐窄小了似的，只是喃喃着，并且那两边摇动的肩头也显着紧缩和偏狭，背脊已经弓了起来。

我读着小说，很小的声音读着，怕是搅扰了她。我读的是《屠场》中女工马利亚昏倒在雪地上的那段。王亚明站在我的背后，我一点也不知道。

“你有什么看过的书，也借给我一本……”我就把《屠场》放在她的手上，因为我已经读过了。

一天，我听到床头上有沙沙的声音，我仰过头去，在月光下我看到了是王亚明的青黑手，并且把我借给她的那本书放在我的旁边。

我问她：“看得有趣吗？”

她并不回答我，头发也像在抖着似的，用着那和头发一样颜色的手横在脸上。“马利亚，真像有这个人一样，……那医生知道她是没有钱的人，就不给她看病……呵呵！”她笑了，借着笑的抖动眼泪才滚落下来：“我也去请过医生，我母亲生病的时候，他先向我要马车钱，我说钱在家里，先坐车来吧！人要不行了……他站在院心问我：‘你家是干什么的？’不知为什么，一告诉他是开‘染缸房’的，他就拉开门进屋去了……姐姐定亲的那年，她的婆婆从乡下来住在我们家里，一看到姐姐她就说：‘唉呀！那杀人的手！’从这起，爹爹就不许某个人专染红的。我的手是黑的，细看才带点紫色，那两个妹妹也都和我一样。”

“你的妹妹没有读书？”

“没有，我将来教她们，可是我也不知道我读得好不好，读不好连妹妹都对不起……他们在家吃咸盐的钱都给我拿来啦……我哪能不用心念书，我哪能？”她又去摸触那本书。

我看着地板上的花纹，我想她的眼泪比我的同情高贵得多。

还不到放寒假时，一天的早晨，王亚明整理着手提箱和零碎，没有人和她告别。

“我的父亲还没有来，多学一点钟是一点钟……”

这最后的每一点钟都使她流着汗，在英文课上她忙着用小册子记下来黑板上所有的生字，连教师随手写的她也记了下来。地理课上她又费着力气模仿着黑板上教师画的地图，……好像所有这最末一天经过她的思想都重要起来，都必得留下一个痕迹。

下课，我看了她的小册子，那完全记错了：英文字母，有的脱落一个，有的她多加上一个……她的心情已经慌乱了。

太阳停在颤抖的挂着雪的树枝上面，鸟雀刚出巢的时候，她的父亲来了。他用围着脖子的白毛巾掳去胡须上的冰溜：

“你落了榜吗？你……”冰溜在楼梯上溶成小小的水珠。

“没有，还没考试，校长告诉我，说我不用考啦，不能及格的……”

她的父亲站在楼梯口，腰间挂着的白手巾动也不动。

“再来，把书回家好好读读再来。呵……呵。”不知道她向谁在说着。

那被朝阳拖得细长的影子，跳动着在人的前面先爬上了木栅门。从窗子看去，人也好像和影子一般轻浮，他们就向着远方，向着迷漫着朝阳的方向走去。雪地好像碎玻璃似的，越远那闪光就越刚强，刺痛了我的眼睛。

孔乙己[①]

鲁 迅

鲁镇的酒店的格局，是和别处不同的：都是当街一个曲尺形的大柜台，柜里面预备着热水，可以随时温酒。做工的人，傍午傍晚散了工，每每花四文[②]铜钱，买一碗酒，——这是二十多年前的事，现在每碗要涨到十文，——靠柜外站着，热热的喝了休息；倘肯多花一文，便可以买一碟盐煮笋，或者茴香豆，做下酒物了，如果出到十几文，那就能买一样荤菜，但这些顾客，多是短衣帮[③]，大抵[④]没有这样阔绰。只有穿长衫的，才踱进店面隔壁的房子里，要酒要菜，慢慢地坐喝。

我从十二岁起，便在镇口的咸亨酒店里当伙计，掌柜说，样子太傻，怕侍候不了长衫主顾，就在外面做点事罢。外面的短衣主顾，虽然容易说话，但唠唠叨叨缠夹不清的也很不少。他们往往要亲眼看着黄酒从坛子里舀出，看过壶

① 选自《呐喊》（《鲁迅全集》第一卷，人民文学出版社，1981年版）。

②〔文〕这里是铜钱的单位名称。一枚铜钱叫“一文钱”。

③〔短衣帮〕指穷苦劳动者。他们通常穿短装而不穿长衫。

④〔大抵〕大都。

子底里有水没有，又亲看将壶子放在热水里，然后放心：在这严重监督之下，羼[①]水也很为难。所以过了几天，掌柜又说我干不了这事。幸亏荐头[②]的情面大，辞退不得，便改为专管温酒的一种无聊职务了。

我从此便整天的站在柜台里，专管我的职务。虽然没有什么失职，但总觉有些单调，有些无聊。掌柜是一副凶脸孔，主顾也没有好声气[③]，教人活泼不得；只有孔乙己到店，才可以笑几声，所以至今还记得。

孔乙己是站着喝酒而穿长衫的唯一的人。他身材很高大；青白脸色，皱纹间时常夹些伤痕；一部乱蓬蓬的花白的胡子。穿的虽然是长衫，可是又脏又破，似乎十多年没有补，也没有洗。他对人说话，总是满口之乎者也[④]，教人半懂不懂的。因为他姓孔，别人便从描红纸上的“上大人孔乙己[⑤]”这半懂不懂的话里，替他取下一个绰号，叫作孔乙己。孔乙己一到店，所有喝酒的人便都看着他笑，有的叫道，“孔乙己，你脸上又添上新伤疤了！”他不回答，对柜里说，“温两碗酒，要一碟茴香豆。”便排出九文大钱。他们又故意的高声嚷道，“你一定又偷了人家的东西了！”孔乙己睁大眼睛说，“你怎么这样凭空污人清白……”“什么清白？我前天亲眼见你偷了何家的书，吊着打。”孔乙己便涨红了脸，额上的青筋条条绽出，争辩道，“窃书不能算偷……窃书！……读书人的事，能算偷么？”接连便是难懂的话，什么“君子固穷[⑥]”，什么“者乎”之类，引得众人都哄笑起来：店内外充满了快活的空气。

听人家背地里谈论，孔乙己原来也读过书，但终于没有进学，又不会营

---

①〔羼（chàn）〕混合，掺杂。

②〔荐头〕旧社会以介绍佣工为业的人，也泛指介绍职业的人。

③〔声气〕这里指态度。

④〔满口之乎者也〕说话全部是“之乎者也”这样的文言词语。这里用来表现孔乙己的书呆子气。

⑤〔上大人孔乙己〕旧时通行的一种描红纸，印有“上大人孔乙己”这样一些笔画简单的字，三字一句。“上大人孔乙己”，是似通非通的进行尊孔教育的话。

⑥〔君子固穷〕道德修养高的人能够安守穷困。固，安守。语出《论语·卫灵公》。

生[①]；于是愈过愈穷，弄到将要讨饭了。幸而写得一笔好字，便替人家钞[②]钞书，换一碗饭吃。可惜他又有一样坏脾气，便是好喝懒做。坐不到几天，便连人和书籍纸张笔砚，一齐失踪。如是几次，叫他钞书的人也没有了。孔乙己没有法，便免不了偶然做些偷窃的事。但他在我们店里，品行却比别人都好，就是从不拖欠，虽然间或[③]没有现钱，暂时记在粉板[④]上，但不出一月，定然还清，从粉板上拭去了孔乙己的名字。

孔乙己喝过半碗酒，涨红的脸色渐渐复了原，旁人便又问道，“孔乙己，你当真认识字么？”孔乙己看着问他的人，显出不屑置辩的神气。他们便接着说道，“你怎的连半个秀才也捞不到呢？”孔乙己立刻显出颓唐不安的模样，脸上笼上了一层灰色，嘴里说些话；这回可是全是之乎者也之类，一些不懂了。在这时候，众人也都哄笑起来：店内外充满了快活的空气。

在这些时候，我可以附和着笑，掌柜是决不责备的。而且掌柜见了孔乙己，也每每这样问他，引人发笑。孔乙己自己知道不能和他们谈天，便只好向孩子说话。有一回对我说道，“你读过书么？”我略略点一点头。他说，“读过书，……我便考你一考。茴香豆的茴字，怎样写的？”我想，讨饭一样的人，也配考我么？便回过脸去，不再理会。孔乙己等了许久，很恳切的说道，“不能写罢？……我教给你，记着！这些字应该记着。将来做掌柜的时候，写帐要用。”我暗想我和掌柜的等级还很远呢，而且我们掌柜也从不将茴香豆上帐；又好笑，又不耐烦，懒懒的答他道，“谁要你教，不是草头底下一个来回的回字么？”孔乙己显出极高兴的样子，将两个指头的长指甲敲着柜台，点头说，“对呀对呀！……回字有四样写法[⑤]，你知道么？”我愈不耐烦了，努着嘴走远。孔乙己刚用指甲蘸了酒，想在柜上写字，见我毫不热心，便又叹一口气，显出极惋惜的样子。

---

①〔营生〕谋生，筹划如何生活。

②〔钞〕抄写。这个意义现在写作“抄”。

③〔间或〕偶尔，有时候。

④〔粉板〕这里指旧时商店里暂时记账用的牌子。

⑤〔回字有四样写法〕“回”字旧时一般只有三种写法“回”“囘”“囬”。极少有人用第四种写法“𡇒”。

有几回，邻舍的孩子听得笑声，也赶热闹，围住了孔乙己。他便给他们茴香豆吃，一人一颗。孩子吃完豆，仍然不散，眼睛都望着碟子。孔乙己着了慌，伸开五指将碟子罩住，弯腰下去说道，“不多了，我已经不多了。”直起身又看一看豆，自己摇头说，“不多不多！多乎哉？不多也[1]。”于是这一群孩子都在笑声里走散了。

孔乙己是这样的使人快活，可是没有他，别人也便这么过。

《孔乙己》插图　于文绘

有一天，大约是中秋前的两三天，掌柜正在慢慢的结帐，取下粉板，忽然说，“孔乙己长久没有来了。还欠十九个钱呢！”我才也觉得他的确长久没有来了。一个喝酒的人说道，“他怎么会来？……他打折[2]了腿了。”掌柜说，“哦！”“他总仍旧是偷。这一回，是自己发昏，竟偷到丁举人家里去了。

①〔多乎哉？不多也〕多吗？不多啊！语出《论语·子罕》。

②〔折（shé）〕断。

他家的东西，偷得的么？”“后来怎么样？”“怎么样？先写服辩[①]，后来是打，打了大半夜，再打折了腿。”“后来呢？”“后来打折了腿了。”“打折了怎样呢？”“怎样？……谁晓得？许是死了。”掌柜也不再问，仍然慢慢的算他的帐。

中秋过后，秋风是一天凉比一天，看看将近初冬；我整天的靠着火，也须穿上棉袄了。一天的下半天，没有一个顾客，我正合了眼坐着。忽然间听得一个声音，“温一碗酒。”这声音虽然极低，却很耳熟。看时又全没有人。站起来向外一望，那孔乙己便在柜台下对了门槛坐着。他脸上黑而且瘦，已经不成样子；穿一件破夹袄，盘着两腿，下面垫一个蒲包，用草绳在肩上挂住；见了我，又说道，“温一碗酒。”掌柜也伸出头去，一面说，“孔乙己么？你还欠十九个钱呢！”孔乙己很颓唐的仰面答道，“这……下回还清罢。这一回是现钱，酒要好。”掌柜仍然同平常一样，笑着对他说，“孔乙己，你又偷了东西了！”但他这回却不十分分辩，单说了一句“不要取笑！”“取笑？要是不偷，怎么会打断腿？”孔乙己低声说道，“跌断，跌，跌……”他的眼色，很像恳求掌柜，不要再提。此时已经聚集了几个人，便和掌柜都笑了。我温了酒，端出去，放在门槛上。他从破衣袋里摸出四文大钱，放在我手里，见他满手是泥，原来他便用这手走来的。不一会，他喝完酒，便又在旁人的说笑声中，坐着用这手慢慢走去了。

自此以后，又长久没有看见孔乙己。到了年关[②]，掌柜取下粉板说，“孔乙己还欠十九个钱呢！”到第二年的端午，又说“孔乙己还欠十九个钱呢！”到中秋可是没有说，再到年关也没有看见他。

我到现在终于没有见——大约孔乙己的确死了。

一九一九年三月[③]

---

①〔服辩〕古时指罪犯服罪认罪的供状。这里指不经官府而自行了结的认罪书。

②〔年关〕年底。旧时年底结账时，债主要向欠债的人索债，欠债的人过年如同过关，所以叫“年关”。下文的端午和中秋，在旧时也是结账的期限。

③〔一九一九年三月〕据鲁迅1919年3月16日所作的《附记》，本文作于1918年冬天。

《孔乙己》教学设计评析

——透过双手看人生

细节描写是刻画人物的关键，好的细节描写最能生动形象地刻画出典型的人物特征，如我们熟知的《鲁提辖拳打镇关西》，就是应用了大量的细节描写来表现主人公鲁提辖，把他的形象刻画得入木三分。《〈孔乙己〉教学设计——透过双手看人生》能够抓住“手”这个细节描写来分析课文，我认为在备课的过程中的确是有独到的见解，但是我们说万事万物都是由主要矛盾和次要矛盾组成的，我们看问题要抓住事物的主要矛盾，这才能帮助我们更好地去观察和分析事物。这篇课文“手”出现的频率并不高，我总共在文中只找到四处：①孔乙己显出极高兴的样子，将两个指头的长指甲敲着柜台；②见他满手是泥；③原来他便用这手走来的；④坐着用这手慢慢走去了。而这篇教学设计其中一个教学目标就是通过赏析孔乙己的“手”，把握人物形象，并且被标上了“教学重点”的备注。对这样的设计我不能苟同，教案中的教学目标确定依据里面提到文章以极其俭省的笔墨和典型的生活细节，叙述了孔乙己痛苦和不幸的一生，意在表达“一般社会对一个苦人的薄凉”。阅读教学的重点是“培养学生具有感受、理解、欣赏和评价的能力”。那么我们必然要用最直观的感受去告诉学生怎么通过语言的描述去探讨深层次的含义。本篇教学设计流程里第一个流程便是要求通过外貌描写展现你最熟悉的人的性格特点。这个设计本身是好的，能够加强学生对外貌描写的理解，但是假如和“手”联系，那似乎就不应该是外貌描写了，更应该是肖像描写。我们都知道外貌描写是局部的，而肖像描写是整体的，自然包括手。所以我认为应该把通过外貌描写改为肖像描写更准确，否则会误导学生对肖像描写和外貌描写的理解。

在文本赏析的环节，“扣细节，品人物”第一步，跳读自学——寻“手”。既然是寻手，那么学生肯定是满篇文章找“手”，但是很遗憾，就是我也只能在全文中找到四处，而且这几处对手的描写我不认为对分析人物有所帮助。所以我认为应该添加上寻找和手有关的动作，这样学生才能更具体地感知手的作用。第二步精读领悟——“析”手，我想作者可能认为学生可以找出文章中通过手所做出的动作，但是在他的问题设置里是这么设计的精读语段：在这些描写“手”的细节中，你读出了一个什么样的孔乙己？基于这个问题我想学生肯定再一次会找到文章中关于手的描写：①见他满手是泥；②原来他便用这手走来的；③坐着用这手慢慢走去了。通过这两个句子学生就分析出孔乙己的性格特征，这显然是不可能的，但是他的设计意图就是通过品句品词，分析孔乙己性格特征；学会运用细节描写的方法塑造人物形象。如果是分析与手有关的动作描写，我想学生思考起来就并不困难了。作者的第三步合作探究——议“手”。是什么原因造成孔乙己“写字的手”变为“偷东西的手”和“代替脚走路的手”？设计意图：从个人、社会和封建科举制度等方面把握造成孔乙己悲惨命运的原因。这个问题我觉得设计得挺好，可以引发学生的思考，让他们深挖细掘找出造成孔乙己悲惨命运的社会根源，和作者的设计意图相契合，也能够体现全文的思想内涵。第三个教学环节拓展延伸阅读，通过比较阅读的方法加强和巩固学生所学到的细节描写分析主人公形象的方法。假如放在课堂内完成，这样的课堂容量明显会很大，我觉得这个环节可以放在课后来完成。最后一个环节作业布置没有分清课内还是课外作业，特别是问题（2）在活动二“扣细节，品人物”的“析‘手’”的教学重点环节中，这道题与课堂内容有很大关联，应该放在前置学案里让学生思考。

总之，整篇教案设计另辟蹊径，设计巧妙，能够抓住新课程改革下的教学重点，抓住文本内容，培养学生阅读和鉴赏文本内容的能力，注重对学生的知识迁移，但是在设计的过程中仍旧存在些许不足，有些地方值得我们探讨和商榷。

《祝福》教学设计

一、教学内容

粤教版语文必修3第三单元小说（1）第9课。[第2课时：人物探究课（一）]

二、教材分析

单元导语中写道：本单元的小说为我们创造了性格鲜明的人物形象和可感可触的艺术世界，因此学习本单元需要我们通过作者巧妙的构思和细致的描写，去触摸小说人物丰富多彩的内心世界，用心去体悟作者所表达的思想感情，从而提高学生鉴赏小说的能力。

三、学情分析

由于鲁迅先生的作品距现在年代久远，学生阅读起来有一定的距离感和隔阂，理解起来有一定的难度。学生往往疏于领会作者的精巧构思，忽略文中语言文字的暗示和关照，在写作实践中更不能用简略精准的描写生动刻画人物特点。

四、教学目标

（1）用心体会作者精巧的构思，结合作者细致的笔法去触摸小说中各色人物复杂的内心世界。

（2）体会作者运用细节描写人物的局部特征的写作特色，尝试用简练精准的语言来刻画人物形象。

五、教学目标确定依据

《普通高中语文课程标准（2017年版）》。

精读古今中外优秀的文学作品，感受作品中的艺术形象，理解欣赏作品的语言表达，理解作者的创作意图。

结合自己的生活经验和阅读写作经历，发挥想象，加深对作品的理解，力求有自己的发现。

六、教学活动基本流程

（1）课堂导入。

（2）人物研讨探究。（达成的目标：触摸人物内心世界）

（3）人物局部。（眼睛）刻画仿写。（达成的目标：写作实践的迁移运用）

（4）课后拓展。

七、教学活动具体安排

（一）课堂导入

从一针见血的经典评论入手，激发学生学习探讨的热情和兴趣。

（二）人物研讨探究

（触摸人物内心世界）

1. 人物研讨1

祥林嫂周围人物分析环节，这一环节分析的重点问题是：文中祥林嫂周围的人是怎样将祥林嫂往死里逼的？

学生活动安排：

（1）分组研讨，挑选周围的人物中自己感兴趣的，梳理归纳她或他变化的过程。分组讨论各色人物的变化过程，自主深入钻研人物，派代表回答。

（2）组织讨论辩论，分析人物的分类，剖析人物的性格特点。

教师活动安排：分析点评。

2. 人物研讨2

祥林嫂自身的分析环节，这一环节主要梳理分析的问题是：从文中祥林嫂自身，我们怎样看出她真是非死不行的？

学生活动安排：

（1）从作者笔下所描写的祥林嫂的文字中找到依据，梳理祥林嫂肖像、外

貌的变化并齐读一遍。（重点问题模拟）

（2）把上节课梳理的七件大事和祥林嫂的肖像、外貌做一个结合。（重点问题模拟）

（3）找眼睛填表格。

（4）学生尝试表演眼睛的变化。

（5）从眼睛看内心，结合祥林嫂的命运，具体描述祥林嫂的内心状态。

（6）充分想象祥林嫂的表情，将眼睛的刻画用简练的语言改写成嘴。

（7）微表情的对号入座。

教师活动安排：

（1）带领学生把上节课梳理的七件大事和祥林嫂的肖像、外貌做一个结合，并具体分析祥林嫂没有活下去的理由。（重点问题模拟）

（2）分析语言描写：死前最后和作者的三问三答。（重点问题模拟）

（3）展示表格，适当点评。

（三）人物局部（眼睛）刻画仿写（写作实践的迁移运用，用词精练准确）

学生活动安排：

你写我猜：选择班级里一位同学的眼睛进行精细刻画，要求体现人物的性格特点。（注意控制字数）

教师活动安排：适当点评。

（四）课后拓展

研究性学习作业的引导：通过和遵从原著的经典影片的对比，让学生将文字和画面结合起来，思考导演的用意，鼓励学生提出自己的看法。

八、预设问题

课堂情境：梳理分析完祥林嫂周围的人物，明确的确如丁玲所说，祥林嫂周围的人都将祥林嫂往死里逼。

提出问题：从文中的祥林嫂自身我们怎样看出祥林嫂真是非死不可的？作者笔下的祥林嫂是死得突然别扭还是符合我们的生活逻辑，逐步失去活下去的理由，顺理成章而死的呢？

九、预设问题讲解概要

学生活动：

（1）回答问题：作者笔下的祥林嫂是死得突然别扭还是符合我们的生活逻辑，逐步失去活下去的理由，顺理成章而死的呢？

明确：符合生活逻辑。

（2）回答问题：大家都说她的死是符合生活逻辑的，你们能从作者笔下所描写的祥林嫂的文字中找到哪些依据？最明显的是什么？

明确：肖像外貌描写。

（3）梳理祥林嫂肖像、外貌描写并齐读一遍。

（4）把上节课梳理的七件大事和祥林嫂的肖像、外貌做一个结合，看看她逐步走向死亡是不是真的没有了活下去的理由。

明确：没有活下去的理由。

教师活动：

（1）把上节课梳理的七件大事和祥林嫂的肖像、外貌做一个结合，具体分析祥林嫂已经没有活下去的理由了。

逃至鲁镇两颊是红的，白胖了，被认可被需要，活得有干劲。

抓回婆家再嫁，想寻死，可是她没死成。

再嫁后生了儿子，有了家，有了亲人，有了精神支柱，活得有盼头。

夫死子丧，回到鲁镇两颊消失了血色，因为家散了，精神支柱垮了，活得没意思了。

受到打击后手脚不灵活，又是回头人，她备受嫌弃，最初的认可没了，希望能补救。

捐献门槛成功后，眼睛分外有神，以为找回认可，再次被坚决排挤，脸色变作灰黑，活下去的理由全没了。

成为乞丐，黄中带黑，仿佛木刻，已是将死之人。

这就是祥林嫂的命运，等待她的只能是死亡。

（2）分析语言描写：死前最后和作者的三问三答

三问三答是祥林嫂濒临死亡甚至主动接受死亡状态的昭示；三问三答，是祥林嫂对死后的事情的担心。

已经预想了自己的死亡，做好了死的准备，甚至有了快要死亡的预感。尤其最后一个问题隐约流露出对死后见到亲人的期盼。祥林嫂已经生无可恋。再结合人物研讨1，她周围的人都把她往死里逼，她又没有活下去的理由，真是非死不可。

至于祥林嫂非死不可背后的社会根源，精神顽疾是什么？作者通过祥林嫂的死最终想表达些什么？我们后面再分析。

（衔接）另外，作者笔下一个局部特征的明显变化也同样印证了祥林嫂非死不可，那就是眼睛的变化。下面我们进入活动环节：找眼睛填表格。

附：

祝 福

鲁 迅

旧历的年底毕竟最像年底，村镇上不必说，就在天空中也显出将到新年的气象来。灰白色的沉重的晚云中间时时发出闪光，接着一声钝响，是送灶的爆竹；近处燃放的可就更强烈了，震耳的大音还没有息，空气里已经散满了幽微的火药香。我是正在这一夜回到我的故乡鲁镇的。虽说故乡，然而已没有家，所以只得暂寓在鲁四老爷的宅子里。他是我的本家，比我长一辈，应该称之曰“四叔”，是一个讲理学的老监生。他比先前并没有什么大改变，单是老了些，但也还末留胡子，一见面是寒暄，寒暄之后说我“胖了”，说我“胖了”之后即大骂其新党。但我知道，这并非借题在骂我：因为他所骂的还是康有为。但是，谈话是总不投机的了，于是不多久，我便一个人剩在书房里。

第二天我起得很迟，午饭之后，出去看了几个本家和朋友；第三天也照样。他们也都没有什么大改变，单是老了些；家中却一律忙，都在准备着“祝福”。这是鲁镇年终的大典，致敬尽礼，迎接福神，拜求来年一年中的好运气的。杀鸡，宰鹅，买猪肉，用心细细的洗，女人的臂膊都在水里浸得通红，有的还带着绞丝银镯子。煮熟之后，横七竖八的插些筷子在这类东西上，可就称为“福礼”了，五更天陈列起来，并且点上香烛，恭请福神们来享用，拜的却只限于男人，拜完自然仍然是放爆竹。年年如此，家家如此，——只要买得起福礼和爆竹之类的，——今年自然也如此。天色愈阴暗了，下午竟下起雪来，雪花大的有梅花那么大，满天飞舞，夹着烟霭和忙碌的气色，将鲁镇乱成一团糟。我回到四叔的书房里时，瓦楞上已经雪白，房里也映得较光明，极分明的显出壁上挂着的朱拓的大“壽”字，陈抟老祖写的，一边的对联已经脱落，松松的卷了放在长桌上，一边的还在，道是“事理通达心气和平”。我又无聊赖的到窗下的案头去一翻，只见一堆似乎未必完全的《康熙字典》，一部《近思录集注》和一部《四书衬》。无论如何，我明天决计要走了。

况且，一直到昨天遇见祥林嫂的事，也就使我不能安住。那是下午，我到镇的东头访过一个朋友，走出来，就在河边遇见她；而且见她瞪着的眼睛的视线，就知道明明是向我走来的。我这回在鲁镇所见的人们中，改变之大，可以说无过于她的了：五年前的花白的头发，即今已经全白，会不像四十上下的人；脸上瘦削不堪，黄中带黑，而且消尽了先前悲哀的神色，仿佛是木刻似的；只有那眼珠间或一轮，还可以表示她是一个活物。她一手提着竹篮，内中一个破碗，空的；一手拄着一支比她更长的竹竿，下端开了裂：她分明已经纯乎是一个乞丐了。

我就站住，豫备她来讨钱。

“你回来了？”她先这样问。

“是的。”

“这正好。你是识字的，又是出门人，见识得多。我正要问你一件事——”她那没有精采的眼睛忽然发光了。

我万料不到她却说出这样的话来，诧异的站着。

“就是——”她走近两步，放低了声音，极秘密似的切切的说，“一个人死了之后，究竟有没有魂灵的？”

我很悚然，一见她的眼钉着我的，背上也就遭了芒刺一般，比在学校里遇到不及豫防的临时考，教师又偏是站在身旁的时候，惶急得多了。对于魂灵的有无，我自己是向来毫不介意的；但在此刻，怎样回答她好呢？我在极短期的踌躇中，想，这里的人照例相信鬼，然而她，却疑惑了，——或者不如说希望：希望其有，又希望其无……人何必增添末路的人的苦恼，为她起见，不如说有罢。

“也许有罢，——我想。”我于是吞吞吐吐的说。

“那么，也就有地狱了？”

“阿！地狱？”我很吃惊，只得支梧者，“地狱？——论理，就该也有。——然而也未必，……谁来管这等事……。”

“那么，死掉的一家的人，都能见面的？”

“唉唉，见面不见面呢？……”这时我已知道自己也还是完全一个愚人，什么踌躕，什么计画，都挡不住三句问，我即刻胆怯起来了，便想全翻过先前的话来，“那是，……实在，我说不清……。其实，究竟有没有魂灵，我也说不清。”

我乘她不再紧接的问，迈开步便走，匆匆的逃回四叔的家中，心里很觉得不安逸。自己想，我这答话怕于她有些危险。她大约因为在别人的祝福时候，感到自身的寂寞了，然而会不会含有别的什么意思的呢？——或者是有了什么豫感了？倘有别的意思，又因此发生别的事，则我的答话委实该负若干的责任……。但随后也就自笑，觉得偶尔的事，本没有什么深意义，而我偏要细细推敲，正无怪教育家要说是生着神经病；而况明明说过“说不清”，已经推翻了答话的全局，即使发生什么事，于我也毫无关系了。

“说不清”是一句极有用的话。不更事的勇敢的少年，往往敢于给人解决疑问，选定医生，万一结果不佳，大抵反成了怨府，然而一用这“说不清”来作结束，便事事逍遥自在了。我在这时，更感到这一句话的必要，即使和讨饭的女人说话，也是万不可省的。

但是我总觉得不安，过了一夜，也仍然时时记忆起来，仿佛怀着什么不祥的豫感；在阴沉的雪天里，在无聊的书房里，这不安愈加强烈了。不如走罢，明天进城去。福兴楼的清燉鱼翅，一元一大盘，价廉物美，现在不知增价了否？往日同游的朋友，虽然已经云散，然而鱼翅是不可不吃的，即使只有我一个……。无论如何，我明天决计要走了。

我因为常见些但愿不如所料，以为未毕竟如所料的事，却每每恰如所料的起来，所以很恐怕这事也一律。果然，特别的情形开始了。傍晚，我竟听到有些人聚在内室里谈话，仿佛议论什么事似的，但不一会，说话声也就止了，只有四叔且走而且高声的说：

“不早不迟，偏偏要在这时候——这就可见是一个谬种！”

我先是诧异，接着是很不安，似乎这话于我有关系。试望门外，谁也没有。好容易待到晚饭前他们的短工来冲茶，我才得了打听消息的机会。

“刚才，四老爷和谁生气呢？”我问。

“还不是和祥林嫂？”那短工简捷的说。

“祥林嫂？怎么了？”我又赶紧的问。

“老了。”

“死了？”我的心突然紧缩，几乎跳起来，脸上大约也变了色，但他始终没有抬头，所以全不觉。我也就镇定了自己，接着问：

“什么时候死的？”

“什么时候？——昨天夜里，或者就是今天罢。——我说不清。”

“怎么死的？”

“怎么死的？——还不是穷死的？”他淡然的回答，仍然没有抬头向我看，出去了。

然而我的惊惶却不过暂时的事，随着就觉得要来的事，已经过去，并不必仰仗我自己的“说不清”和他之所谓“穷死的”的宽慰，心地已经渐渐轻松：不过偶然之间，还似乎有些负疚。晚饭摆出来了，四叔俨然的陪着。我也还想打听些关于祥林嫂的消息，但知道他虽然读过“鬼神者二气之良能也”，而忌讳仍然极多，当临近祝福时候，是万不可提起死亡疾病之类的话的；倘不得已，就该用一种替代的隐语，可惜我又不知道，因此屡次想问，而终于中止了。我从他俨然的脸色上，又忽而疑他正以为我不早不迟，偏要在这时候来打搅他，也是一个谬种，便立刻告诉他明天要离开鲁镇，进城去，趁早放宽了他的心。他也不很留。这样闷闷的吃完了一餐饭。

冬季日短，又是雪天，夜色早已笼罩了全市镇。人们都在灯下匆忙，但窗外很寂静。雪花落在积得厚厚的雪褥上面，听去似乎瑟瑟有声，使人更加感得沉寂。我独坐在发出黄光的菜油灯下，想，这百无聊赖的祥林嫂，被人们弃在尘芥堆中的，看得厌倦了的陈旧的玩物，先前还将形骸露在尘芥里，从活得有趣的人们看来，恐怕要怪讶她何以还要存在，现在总算被无常打扫得干干净净了。魂灵的有无，我不知道；然而在现世，则无聊生者不生，即使厌见者不见，为人为己，也还都不错。我静听着窗外似乎瑟瑟作响的雪花声，一面想，反而渐渐的舒畅起来。

然而先前所见所闻的她的半生事迹的断片，至此也联成一片了。

她不是鲁镇人。有一年的冬初，四叔家里要换女工，做中人的卫老婆子带她进来了，头上扎着白头绳，乌裙，蓝夹袄，月白背心，年纪大约二十六七，脸色青黄，但两颊却还是红的。卫老婆子叫她祥林嫂，说是自己母家的邻舍，死了当家人，所以出来做工了。四叔皱了皱眉，四婶已经知道了他的意思，是在讨厌她是一个寡妇。但是她模样还周正，手脚都壮大，又只是顺着眼，不开一句口，很像一个安分耐劳的人，便不管四叔的皱眉，将她留下了。试工期内，她整天的做，似乎闲着就无聊，又有力，简直抵得过一个男子，所以第三天就定局，每月工钱五百文。

大家都叫她祥林嫂；没问她姓什么，但中人是卫家山人，既说是邻居，那大概也就姓卫了。她不很爱说话，别人问了才回答，答的也不多。直到十几天之后，这才陆续的知道她家里还有严厉的婆婆，一个小叔子，十多岁，能打柴了；她是春天没了丈夫的；他本来也打柴为生，比她小十岁：大家所知道的就只是这一点。

日子很快的过去了，她的做工却毫没有懈，食物不论，力气是不惜的。人们都说鲁四老爷家里雇着了女工，实在比勤快的男人还勤快。到年底，扫尘，洗地，杀鸡，宰鹅，彻夜的煮福礼，全是一人担当，竟没有添短工。然而她反满足，口角边渐渐的有了笑影，脸上也白胖了。

新年才过，她从河边淘米回来时，忽而失了色，说刚才远远地看见几个男人在对岸徘徊，很像夫家的堂伯，恐怕是正在寻她而来的。四婶很惊疑，打听底细，她又不说。四叔一知道，就皱一皱眉，道：

“这不好。恐怕她是逃出来的。”

她诚然是逃出来的，不多久，这推想就证实了。

此后大约十几天，大家正已渐渐忘却了先前的事，卫老婆子忽而带了一个三十多岁的女人进来了，说那是祥林嫂的婆婆。那女人虽是山里人模样，然而应酬很从容，说话也能干，寒暄之后，就赔罪，说她特来叫她的儿媳回家去，因为开春事务忙，而家中只有老的和小的，人手不够了。

“既是她的婆婆要她回去，那有什么话可说呢。”四叔说。

于是算清了工钱，一共一千七百五十文，她全存在主人家，一文也还没有用，便都交给她的婆婆。那女人又取了衣服，道过谢，出去了。其时已经是正午。

“阿呀，米呢？祥林嫂不是去淘米的么？……”好一会，四婶这才惊叫起来。她大约有些饿，记得午饭了。

于是大家分头寻淘箩。她先到厨下，次到堂前，后到卧房，全不见淘箩的影子。四叔踱出门外，也不见，一直到河边，才见平平正正的放在岸上，旁边还有一株菜。

看见的人报告说，河里面上午就泊了一只白篷船，篷是全盖起来的，不知道什么人在里面，但事前也没有人去理会他。待到祥林嫂出来掏米，刚刚要跪下去，那船里便突然跳出两个男人来，像是山里人，一个抱住她，一个帮着，拖进船去了。祥林嫂还哭喊了几声，此后便再没有什么声息，大约给用什么堵住了罢。接着就走上两个女人来，一个不认识，一个就是卫婆子。窥探舱里，不很分明，她像是捆了躺在船板上。

"可恶！然而……。"四叔说。

这一天是四婶自己煮中饭；他们的儿子阿牛烧火。

午饭之后，卫老婆子又来了。

"可恶！"四叔说。

"你是什么意思？亏你还会再来见我们。"四婶洗着碗，一见面就愤愤的说，"你自己荐她来，又合伙劫她去，闹得沸反盈天的，大家看了成个什么样子？你拿我们家里开玩笑么？"

"阿呀阿呀，我真上当。我这回，就是为此特地来说说清楚的。她来求我荐地方，我那里料得到是瞒着她的婆婆的呢。对不起，四老爷，四太太。总是我老发昏不小心，对不起主顾。幸而府上是向来宽洪大量，不肯和小人计较的。这回我一定荐一个好的来折罪……"

"然而……。"四叔说。

于是祥林嫂事件便告终结，不久也就忘却了。

只有四婶，因为后来雇用的女工，大抵非懒即馋，或者馋而且懒，左右不如意，所以也还提起祥林嫂。每当这些时候，她往往自言自语的说，"她现在不知道怎么样了？"意思是希望她再来。但到第二年的新正，她也就绝了望。

新正将尽，卫老婆子来拜年了，已经喝得醉醺醺的，自说因为回了一趟卫家山的娘家，住下几天，所以来得迟了。她们问答之间，自然就谈到祥林嫂。

"她么？"卫若婆子高兴的说，"现在是交了好运了。她婆婆来抓她回去的时候，是早已许给了贺家墺的贺老六的，所以回家之后不几天，也就装在花轿里抬去了。"

“阿呀，这样的婆婆！……”四婶惊奇的说。

“阿呀，我的太太！你真是大户人家的太太的话。我们山里人，小户人家，这算得什么？她有小叔子，也得娶老婆。不嫁了她，那有这一注钱来做聘礼？她的婆婆倒是精明强干的女人呵，很有打算，所以就将她嫁到里山去。倘许给本村人，财礼就不多；惟独肯嫁进深山野坳里去的女人少，所以她就到手了八十千。现在第二个儿子的媳妇也娶进了，财礼花了五十，除去办喜事的费用，还剩十多千。吓，你看，这多么好打算？……”

“祥林嫂竟肯依？……”

“这有什么依不依。——闹是谁也总要闹一闹的，只要用绳子一捆，塞在花轿里，抬到男家，捺上花冠，拜堂，关上房门，就完事了。可是祥林嫂真出格，听说那时实在闹得利害，大家还都说大约因为在念书人家做过事，所以与众不同呢。太太，我们见得多了：回头人出嫁，哭喊的也有，说要寻死觅活的也有，抬到男家闹得拜不成天地的也有，连花烛都砸了的也有。祥林嫂可是异乎寻常，他们说她一路只是嚎，骂，抬到贺家坳，喉咙已经全哑了。拉出轿来，两个男人和她的小叔子使劲的擒住她也还拜不成天地。他们一不小心，一松手，阿呀，阿弥陀佛，她就一头撞在香案角上，头上碰了一个大窟窿，鲜血直流，用了两把香灰，包上两块红布还止不住血呢。直到七手八脚的将她和男人反关在新房里，还是骂，阿呀呀，这真是……”她摇一摇头，顺下眼睛，不说了。

“后来怎么样呢？”四婶还问。

“听说第二天也没有起来。”她抬起眼来说。

“后来呢？”

“后来？——起来了。她到年底就生了一个孩子，男的，新年就两岁了。我在娘家这几天，就有人到贺家坳去，回来说看见他们娘儿俩，母亲也胖，儿子也胖；上头又没有婆婆；男人所有的是力气，会做活；房子是自家的。——唉唉，她真是交了好运了。”

从此之后，四婶也就不再提起祥林嫂。

但有一年的秋季，大约是得到祥林嫂好运的消息之后的又过了两个新年，她竟又站在四叔家的堂前了。桌上放着一个荸荠式的圆篮，檐下一个小铺盖。她仍然头上扎着白头绳，乌裙，蓝夹袄，月白背心，脸色青黄，只是两颊上已经消失了血色，顺着眼，眼角上带些泪痕，眼光也没有先前那样精神了。而且仍然是卫老婆子领着，显出慈悲模样，絮絮的对四婶说：

“……这实在是叫作‘天有不测风云’，她的男人是坚实人，谁知道年纪青青，就会断送在伤寒上？本来已经好了的，吃了一碗冷饭，复发了。幸亏有儿子；她又能做，打柴摘茶养蚕都来得，本来还可以守着，谁知道那孩子又会给狼衔去的呢？春天快完了，村上倒反来了狼，谁料到？现在她只剩了一个光身了。大伯来收屋，又赶她。她真是走投无路了，只好来求老主人。好在她现在已经再没有什么牵挂，太太家里又凄巧要换人，所以我就领她来。——我想，熟门熟路，比生手实在好得多……。”

“我真傻，真的，”祥林嫂抬起她没有神采的眼睛来，接着说。“我单知道下雪的时候野兽在山坳里没有食吃，会到村里来；我不知道春天也会有。我一清早起来就开了门，拿小篮盛了一篮豆，叫我们的阿毛坐在门槛上剥豆去。他是很听话的，我的话句句听；他出去了。我就在屋后劈柴，淘米，米下了锅，要蒸豆。我叫阿毛，没有应，出去一看，只见豆撒得一地，没有我们的阿毛了。他是不到别家去玩的；各处去一问，果然没有。我急了，央人出去寻。直到下半天，寻来寻去寻到山墺里，看见刺柴上挂着一只他的小鞋。大家都说，糟了，怕是遭了狼了。再进去，他果然躺在草窠里，肚里的五脏已经都给吃空了，手上还紧紧的捏着那只小篮呢。……”她接着但是呜咽，说不出成句的话来。

四婶起初还踌蹰，待到听完她自己的话，眼圈就有些红了。她想了一想，便教拿圆篮和铺盖到下房去。卫老婆子仿佛卸了一肩重担似的嘘一口气，祥林嫂比初来时候神气舒畅些，不待指引，自己驯熟的安放了铺盖。她从此又在鲁镇做女工了。

大家仍然叫她祥林嫂。

然而这一回，她的境遇却改变得非常大。上工之后的两三天，主人们就觉得她手脚已没有先前一样灵活，记性也坏得多，死尸似的脸上又整日没有笑影，四婶的口气上，已颇有些不满了。当她初到的时候，四叔虽然照例皱过眉，但鉴于向来雇用女工之难，也就并不大反对，只是暗暗地告诫四婶说，这种人虽然似乎很可怜，但是败坏风俗的，用她帮忙还可以，祭祀时候可用不着她沾手，一切饭菜，只好自己做，否则，不干不净，祖宗是不吃的。

四叔家里最重大的事件是祭祀，祥林嫂先前最忙的时候也就是祭祀，这回她却清闲了。桌子放在堂中央，系上桌帏，她还记得照旧的去分配酒杯和筷子。

“祥林嫂，你放着罢！我来摆。”四婶慌忙的说。

她讪讪的缩了手，又去取烛台。

“祥林嫂，你放着罢！我来拿。”四婶又慌忙的说。

她转了几个圆圈，终于没有事情做，只得疑惑的走开。她在这一天可做的事是不过坐在灶下烧火。

镇上的人们也仍然叫她祥林嫂，但音调和先前很不同；也还和她讲话，但笑容却冷冷的。她全不理会那些事，只是直着眼睛，和大家讲她自己日夜不忘的故事：

“我真傻，真的，”她说，“我单知道雪天是野兽在深山里没有食吃，会到村里来；我不知道春天也会有。我一大早起来就开了门，拿小篮盛了一篮豆，叫我们的阿毛坐在门槛上剥豆去。他是很听话的孩子，我的话句句听；他就出去了。我就在屋后劈柴，淘米，米下了锅，打算蒸豆。我叫，‘阿毛！’没有应。出去一看，只见豆撒得满地，没有我们的阿毛了。各处去一问，都没有。我急了，央人去寻去。直到下半天，几个人寻到山坳里，看见刺柴上挂着一只他的小鞋。大家都说，完了，怕是遭了狼了。再进去；果然，他躺在草窠里，肚里的五脏已经都给吃空了，可怜他手里还紧紧的捏着那只小篮呢。……”她于是淌下眼泪来，声音也呜咽了。

这故事倒颇有效，男人听到这里，往往敛起笑容，没趣的走了开去；女人们却不独宽恕了她似的，脸上立刻改换了鄙薄的神气，还要陪出许多眼泪来。有些老女人没有在街头听到她的话，便特意寻来，要听她这一段悲惨的故事。直到她说到呜咽，她们也就一齐流下那停在眼角上的眼泪，叹息一番，满足的去了，一面还纷纷的评论着。

她就只是反复的向人说她悲惨的故事，常常引住了三五个人来听她。但不久，大家也都听得纯熟了，便是最慈悲的念佛的老太太们，眼里也再不见有一点泪的痕迹。后来全镇的人们几乎都能背诵她的话，一听到就烦厌得头痛。

“我真傻，真的，”她开首说。

“是的，你是单知道雪天野兽在深山里没有食吃，才会到村里来的。”他们立即打断她的话，走开去了。

她张着口怔怔的站着，直着眼睛看他们，接着也就走了，似乎自己也觉得没趣。但她还妄想，希图从别的事，如小篮，豆，别人的孩子上，引出她的阿毛的故事来。倘一看见两三岁的小孩子，她就说：

“唉唉，我们的阿毛如果还在，也就有这么大了……”

孩子看见她的眼光就吃惊，牵着母亲的衣襟催她走。于是又只剩下她一个，终于没趣的也走了，后来大家又都知道了她的脾气，只要有孩子在眼前，便似笑非笑的先问她，道：

“祥林嫂，你们的阿毛如果还在，不是也就有这么大了么？”

她未必知道她的悲哀经大家咀嚼赏鉴了许多天，早已成为渣滓，只值得烦厌和唾弃；但从人们的笑影上，也仿佛觉得这又冷又尖，自己再没有开口的必要了。她单是一瞥他们，并不回答一句话。

鲁镇永远是过新年，腊月二十以后就忙起来了。四叔家里这回须雇男短工，还是忙不过来，另叫柳妈做帮手，杀鸡，宰鹅；然而柳妈是善女人，吃素，不杀生的，只肯洗器皿。祥林嫂除烧火之外，没有别的事，却闲着了，坐着只看柳妈洗器皿。微雪点点的下来了。

“唉唉，我真傻，”祥林嫂看了天空，叹息着，独语似的说。

“祥林嫂，你又来了。”柳妈不耐烦的看着她的脸，说。“我问你：你额角上的伤痕，不就是那时撞坏的么？”

“唔唔。”她含胡的回答。

“我问你：你那时怎么后来竟依了呢？”

“我么？……”，

“你呀。我想：这总是你自己愿意了，不然……。"

“阿阿，你不知道他力气多么大呀。”

“我不信。我不信你这么大的力气，真会拗他不过。你后来一定是自己肯了，倒推说他力气大。”

“阿阿，你……你倒自己试试看。”她笑了。

柳妈的打皱的脸也笑起来，使她蹙缩得像一个核桃，干枯的小眼睛一看祥林嫂的额角，又钉住她的眼。祥林嫂似乎很局促了，立刻敛了笑容，旋转眼光，自去看雪花。

“祥林嫂，你实在不合算。”柳妈诡秘的说。“再一强，或者索性撞一个死，就好了。现在呢，你和你的第二个男人过活不到两年，倒落了一件大罪名。你想，你将来到阴司去，那两个死鬼的男人还要争，你给了谁好呢？阎罗大王只好把你锯开来，分给他们。我想，这真是……”

她脸上就显出恐怖的神色来，这是在山村里所未曾知道的。

“我想，你不如及早抵当。你到土地庙里去捐一条门槛，当作你的替身，给千人踏，万人跨，赎了这一世的罪名，免得死了去受苦。”

她当时并不回答什么话，但大约非常苦闷了，第二天早上起来的时候，两眼上便都围着大黑圈。早饭之后，她便到镇的西头的土地庙里去求捐门槛，庙祝起初执意不允许，直到她急得流泪，才勉强答应了。价目是大钱十二千。她久已不和人们交口，因为阿毛的故事是早被大家厌弃了的；但自从和柳妈谈了天，似乎又即传扬开去，许多人都发生了新趣味，又来逗她说话了。至于题目，那自然是换了一个新样，专在她额上的伤疤。

“祥林嫂，我问你：你那时怎么竟肯了？”一个说。

“唉，可惜，白撞了这一下。”一个看着她的疤，应和道。

她大约从他们的笑容和声调上，也知道是在嘲笑她，所以总是瞪着眼睛，不说一句话，后来连头也不回了。她整日紧闭了嘴唇，头上带着大家以为耻辱的记号的那伤痕，默默的跑街，扫地，洗菜，淘米。快够一年，她才从四婶手里支取了历来积存的工钱，换算了十二元鹰洋，请假到镇的西头去。但不到一顿饭时候，她便回来，神气很舒畅，眼光也分外有神，高兴似的对四婶说，自己已经在土地庙捐了门槛了。

冬至的祭祖时节，她做得更出力，看四婶装好祭品，和阿牛将桌子抬到堂屋中央，她便坦然的去拿酒杯和筷子。

“你放着罢，祥林嫂！”四婶慌忙大声说。

她像是受了炮烙似的缩手，脸色同时变作灰黑，也不再去取烛台，只是失神的站着。直到四叔上香的时候，教她走开，她才走开。这一回她的变化非常大，第二天，不但眼睛窈陷下去，连精神也更不济了。而且很胆怯，不独怕暗夜，怕黑影，即使看见人，虽是自己的主人，也总惴惴的，有如在白天出穴游行的小鼠，否则呆坐着，直是一个木偶人。不半年，头发也花白起来了，记性尤其坏，甚而至于常常忘却了去淘米。

“祥林嫂怎么这样了？倒不如那时不留她。”四婶有时当面就这样说，似乎是警告她。然而她总如此，全不见有伶俐起来的希望。他们于是想打发她走了，教她回到卫老婆子那里去。但当我还在鲁镇的时候，不过单是这样说；看现在的情状，可见后来终于实行了。然而她是从四叔家出去就成了乞丐的呢，还是先到卫老婆子家然后再成乞丐的呢？那我可不知道。

我给那些因为在近旁而极响的爆竹声惊醒，看见豆大的黄色的灯火光，接着又听得毕毕剥剥的鞭炮，四叔家正在“祝福”了；知道已是五更将近时候。我在蒙胧中，又隐约听到远处的爆竹声联绵不断，似乎合成一天音响的浓云，夹着团团飞舞的雪花，拥抱了全市镇。我在这繁响的拥抱中，也懒散而且舒适，从白天以至初夜的疑虑，全给祝福的空气一扫而空了，只觉得天地圣众歆享了牲醴和香烟，都醉醺醺的在空中蹒跚，豫备给鲁镇的人们以无限的幸福。

一九二四年二月七日

《祝福》教学设计评析

——删繁就简三秋树

古人云删繁就简三秋树，标新立异二月花。所以我认为一篇好的教案同样也应该删繁就简，一篇凝练的教案所起到的作用也是极其大的。同样的道理上好一堂课也应该有着非常明确和精练的教学思路，这样的思路首先就应该体现在教案上。《〈祝福〉教学设计》这篇教案是一篇比较保守的教案，并没有很好地挖掘出新意，它借助课堂研讨来达成学习目标，这本身应用的是比较好的，适用于拓展学生思路，明确目标，让学生在讨论的过程中完成课堂教学，但是遗憾的是作者设计的讨论内容似乎不够恰当。作者设计了两个问题：第一个问题是“祥林嫂周围人物分析环节。这一环节分析的重点问题是：文中祥林嫂周围的人是怎样将祥林嫂往死里逼的？”第二个问题是“祥林嫂自身的分析环节。这一环节主要梳理分析的问题是：从文中祥林嫂自身我们怎样看出她真是非死不可的？”而这篇教案的教学目标有两个：①用心体会作者精巧的构思，结合作者细致的笔法去触摸小说中各色人物复杂的内心世界；②体会作者运用细节描写人物的局部特征的写作特色，尝试用简练精准的语言来刻画人物形象。作者所设计的两个研讨问题刚好和目标一一切合。接下来是目标二作者也设计了一个环节，那就是人物局部（眼睛）刻画仿写（达成的目标：写作实践的迁移运用）。作者的活动安排有七个方面：①从作者笔下所描写的祥林嫂的文字中找到依据，梳理祥林嫂肖像、外貌的变化；②把上节课梳理的七件大事和祥林嫂的肖像、外貌做一个结合（重点问题模拟）；③找眼睛填表格；④学生尝试表演眼睛的变化；⑤从眼睛看内心，结合祥林嫂的命运，具体描述祥林嫂的内心状态；⑥充分想象祥林嫂的表情，将眼睛的刻画用简练的语言改写成嘴；⑦微表情的对号入座。我们暂且不说课堂容量的问题，单从作者所想达成的目标就可以看出，作者想面面俱到，把课标设定在一节课的内容里，这样势必造成每一个目标只能是蜻蜓点水，浅尝辄止，没有深入地去挖掘主人公的心理特征以及人物性格。

所以我认为这篇教案其实完全可以抓住一个中心，那就是对人物眼睛的分析。俗语有云：眼睛是心灵的窗户，能够把这一个细节分析透彻，那么其他问题，如文中祥林嫂周围的人是怎样将祥林嫂往死里逼的？从文中的祥林嫂自身我们怎样看出祥林嫂真是非死不可的？应该也可以触类旁通。这些问题应该都不是很难，难就难在人物局部的描写上，我们其实可以借鉴美术课里素描方法的讲解去分析人物的眼睛，换成语文里面就应该属于白描的概念，把这个问题讲清楚，学生大致也应该明白了课文所揭示的主题和人物的不幸遭遇。

这篇教案有一个环节设计得很不错，那就是环节三里人物局部（眼睛）刻画仿写。（写作实践的迁移运用，用词精练准确）。学生活动安排：你写我猜，选择班级里一位同学的眼睛进行精细刻画，要求体现人物的性格特点。（注意控制字数）这个环节我觉得可以放在课堂导入的环节，引起学生的关注和思考，能够让学生迅速地进入课文，抓住文章的中心。最后的课后拓展研究性学习作业的引导，通过和遵从原著的经典影片的对比，让学生将文字和画面结合起来，思考导演的用意，鼓励学生提出自己的看法。这个问题设计得太笼统，可以直接点明欣赏影片里的人物镜头特写并联系课文把文字和画面互相转换，达到课后巩固的效果。

总之，一堂优秀的课例必然是目标明确的课例，也是一堂简洁凝练的课例，学生的思路必须清晰明确，教师作为引领者也应该目标清晰明确，如此才能更好地达到课堂教学效果。

《兰亭集序》教学设计

一、教学内容

粤教版语文必修2第四单元第19课。

二、教学目标

（1）疏通文义，掌握文中的重点词语和句式。

（2）分析作者由“乐”到“痛”到“悲”的思想感情的变化，知人论世，体会作者积极的生命观。

（3）学会情感迁移体验，从经典阅读中联系历史和生活，形成自己的独特感悟。

三、教学目标确定依据

《兰亭集序》是书法的名篇，更是文学中的经典。这篇文章是粤教版必修2第四单元的最后一篇，至此，学生已有一定的文言基础积累。但这篇文章中所寄寓的对于生死的思考、对于人生观的思考对高一的学生而言却是难以理解的。针对学生实际，根据语文学科核心素养所提出的内容，我定了以上教学目标。

四、教学活动基本流程

课前准备—新课导入—字词展示，检查预习—朗读感知，理解文本—小结背诵，情感升华—布置作业，拓展延伸。

五、教学活动具体安排

1. 课前准备

（1）布置学生反复诵读，通过导学案结合课文注释并借助工具书做好文意的疏通理解，做好文言字词句的归纳整理。

（2）通过导学案补充相关资料简介，帮助学生进行自学预习。

（3）布置学生搜集表达生命观的名言警句。

2. 新课导入

借助PPT展示《兰亭集序》摹本，让学生对其艺术美进行感悟，在艺术美中激起他们对作品的文学美的探究兴趣。

唐太宗临终前曾经交代了唐高宗，要把一幅书法名作陪葬进昭陵，大家知道这是哪一幅作品吗？是王羲之的《兰亭集序》。（PPT展示王羲之《兰亭集序》摹本）你觉得这幅作品有什么过人之处让太宗如此喜欢？（生自由发表鉴赏意见）这幅作品被赞为“天下第一行书”，有人评价其为“飘若浮云，矫若惊龙”。王羲之的字写得这么好，他的文章是否也写得出彩呢？让我们一同到《兰亭集序》里去一探究竟吧。

3. 字词展示，检查预习

让学生在课前准备的基础上，自主进行字词句归纳整理成果的展示。通过这一环节教师检查学生在文言基础积累方面的落实情况，同时进行及时点拨，为以下的学习打基础。在检查中点出重点字词“毕、咸、次、信、所之、悟、趣、一、齐”的词义和用法，点拨“会于会稽山阴之兰亭”“虽无丝竹管弦之盛”“仰观宇宙之大，俯察品类之盛”的句式及翻译。

4. 朗读感知，理解文本

（1）师配乐范读，让学生对文本的情感变化形成初步的感知。

（2）生朗读分享，互评理解。

学生结合教师的范读以及课前的预习，先自由朗读3分钟，要求结合自己的理解读出节奏和感情，然后由学生自主分享自己所领悟出来的朗读成果。每次只朗读一段，其他同学做评委，点评同学的朗读节奏和情感的把握，点评时要有理有据。

通过这个活动，让学生在读中鉴赏文章内容，并且在讨论互评中理解文章内容，锻炼语言运用的能力，提升学生的思维能力，形成自己的理解。教师提前设定学生在朗读互评中可能谈及的问题：

① 第1、2自然段的朗读情感紧扣哪个字？该读出什么感觉？

② 你觉得是什么让王羲之乐痛悲交织？

（3）重品读，难点突破。

对于作者之痛与悲的理解是本文的重点，也是本文的难点。为了突破这个点，在学生朗读互评到3、4段之前设置一个疑问：面对这良辰美景，又遇上了佳朋雅士，还能饮酒赋诗，这种快乐我想应该会延续到文本吧，王羲之是不是这样的？为什么？

在学生带着思考继续朗读互评的时候引导他们结合王羲之其人和时代背景进行理解，重点赏析“固知一死生为虚诞，齐彭殇为妄作”，并让他们将自己收集的名言警句中关于生命观的态度与王羲之的观点进行比较，从而进一步体会王羲之积极上进的生命观。

5. 小结背诵，情感升华

为了再次感受本文的语言魅力以及加深学生对本文的理解，我设置了“小结背诵，情感升华”环节。王羲之的“列叙时人，录其所述”其实便是一种积极有为的表现，这一叙录才能让我们这些“后之览者”得以有“感于斯文”的机会。王羲之的这种记录其实是古人宴集时常有的一种活动。古人宴集时，常一同赋诗，诗成后公推一个作序，《兰亭集序》就是脍炙人口的诗序名篇，其思想和辞藻都是很有代表性的，相信我们在刚才的讨论中已对文章有了较深刻的认识，再给大家2分钟梳理巩固一下，然后我们来试着背诵全文，一起领略王羲之的生命观。

6. 布置作业，拓展延伸

诵读经典是为了培养学生“古为今用”的语文核心素养，也综合体现了我们对作品的感悟延伸，因此，安排了一个表达交流活动，并要求学生在交流后写成书面表达作品。

文末说到“后之览者，亦将有感于斯文”作为“后之览者”，请你结合历史和现实，谈谈你的感悟和体验。

六、预设问题讲解概要

（1）如果是我们，这种快乐会延续很久，但从文中看来，王羲之并非如此。文中王羲之感慨“夫人之相与，俯仰一世”“当其欣于所遇，暂得于己”，字里行间流露出对胜景不常、盛筵难再、人生苦短的痛苦，于是他便借古人之口感慨“死生亦大矣”。

（2）好好的宴集，王羲之为什么就突然感慨人生之苦短？请大家结合导学案中王羲之其人和时代背景进行理解：王羲之生活在他的家族十分鼎盛的东晋时代，东晋初期还有着“王与马共天下”的说法，而他又是家族中最杰出的人才。但魏晋时期是政治极为严酷、社会急剧动荡的年代，“天下名士，少有全者”，许多著名的文人，如大名鼎鼎的谢灵运、嵇康，《后汉书》的作者范晔，还有中国古代最著名的文人，与陆机齐名的诗人潘岳等，都死在残酷的权力斗争中。因此，天下名士，首要任务是保全性命，身处乱世之中，无所作为，也无法作为。因此，他们有的人谈玄悟道，“悟言一室之内”，如众多的玄谈家；有的人纵酒佯狂，有的人吃药忘忧，“放浪形骸之外”。王羲之受到了当时风气的影响，自己也有点矛盾。

（3）王羲之说“每览昔人兴感之由，若合一契”，同学们也找了一些关于生命观的句子，如曹操的“对酒当歌，人生几何？譬如朝露，去日苦多”，曹丕的“人亦有言，忧令人老。嗟我白发，生一何蚤”，阮籍的“人生若尘露，天道邈悠悠”等都写出了对人生苦短的悲叹，但王羲之却以一句“固知一死生为虚诞，齐彭殇为妄作”写出了他悲叹之余的积极乐观，他本就知道把生和死看作一样的说法是不真实的，把长寿和短命等同起来的说法是妄造的，于是在此次宴会上他“列叙时人，录其所述”，想让“后之览者，亦将有感于斯文”，也对那些名士们委婉规劝，不要崇尚虚无了，不要虚度人生了，要积极有为。

附：

兰亭集序[1]

王羲之

永和九年，岁在癸丑[2]，暮春之初[3]，会于会稽山阴之兰亭，修禊[4]事也。群贤毕至[5]，少长咸集[6]。此地有崇山峻岭、茂林修竹；又有清流激湍[7]，映带左右[8]，引以为流觞曲水[9]，列坐其次[10]。虽无丝竹管弦[11]之盛，一觞一咏，亦足以畅叙幽情[12]。

---

① 选自《晋书·王羲之传》（中华书局，1974年版）。王羲之（303—361），字逸少，祖籍琅玡临沂（今山东临沂），官至右军将军。善书，有“书圣”之誉。现存有辑本《王右军集》。东晋穆帝永和九年（353）三月三日，时任会稽内史的王羲之邀谢安、孙绰等四十余人在会稽山阴兰亭宴集，曲水流觞，每人赋四言诗、五言诗各一首。《晋书》本传载：“（王羲之）初渡浙江，便有终焉之志。会稽有佳山水，名士多居之，谢安未仕时亦居焉。孙绰、李充、许询、支遁等皆以文义冠世，并筑室东土，与羲之同好。尝与同志宴集于会稽山阴之兰亭，羲之自为之序以申其志。”《兰亭集序》是书法史上最著名的行书作品。现传世诸本皆为摹本。《艺文类聚》录题作《三日兰亭诗序》。兰亭，在会稽山阴西南天柱山脚湖边，即今绍兴西南二十余里处。

②〔癸丑〕古代干支纪年，永和九年即癸丑年。

③〔暮春之初〕三月初。暮春，阴历三月。

④〔修禊（xì）〕一种消除不洁的祭礼。古人习俗，阴历三月上旬巳日临水而祭，拔除不祥，之后饮酒游戏。曹魏后固定在三月三日。

⑤〔群贤毕至〕群贤，指谢安、孙绰、王羲之等名士。毕至，全会聚在这。

⑥〔少长咸集〕少，指王羲之的儿子凝之、徽之等。长，指谢安、孙绰等。咸，都。集，集会。

⑦〔湍（tuān）〕急流的水。

⑧〔映带左右〕围绕在亭子四周。映带，映衬，环绕。

⑨〔引以为流觞（shāng）曲水〕引来清流激湍作为浮杯流觞的曲水。觞，酒杯。曲水，蜿蜒流淌的溪流。流觞，将盛酒的杯子放在上游，任其循流而下，停在谁前面，谁就要端起酒杯，饮酒赋诗。

⑩〔列坐其次〕依次坐在曲水边。次，水边。

⑪〔丝竹管弦〕用丝制作的弦乐器（如琴瑟）和用竹制作的管乐器（如箫笛）。

⑫〔幽情〕幽雅的情意。

是日也，天朗气清，惠风和畅①。仰观宇宙之大，俯察品类②之盛，所以游目骋怀③，足以极视听之娱④，信⑤可乐也。

夫人之相与，俯仰一世⑥。或取诸怀抱，悟言一室之内⑦；或因寄所托，放浪形骸之外。⑧虽趣舍⑨万殊，静躁⑩不同，当其欣于所遇⑪，暂得于己⑫，快然自足⑬，不知老之将至⑭；及其所之既倦⑮，情随事迁⑯，感慨系⑰之矣。向之所欣⑱，俯仰之间，已为陈迹⑲，犹不能不以之兴怀⑳；况修短随化㉑，终期于

---

①〔惠风和畅〕春风和暖畅快。惠风，和风。

②〔品类〕指万物。

③〔游目骋怀〕纵目游观，舒展胸怀。

④〔极视听之娱〕尽情享受视觉（眼观美景）、听觉（耳听妙音）的乐趣。极，尽，穷尽。

⑤〔信〕确实，实在。

⑥〔夫人之相与，俯仰一世〕人与人的相处，转瞬间就度过一生。夫，语气词，表示提起下文几种交往的形式，发出感慨。相与，相处，交往。俯仰，一低头一抬头之间，形容时间极短。

⑦〔取诸怀抱，悟言一室之内〕倾吐胸中抱负，在室内面对面地交谈。取诸，从……取出。怀抱，抱负，志向。悟，面对面地交谈。悟，通“晤”。

⑧〔因寄所托，放浪形骸之外〕把自己的情怀寄托在所爱好的事物之中，无拘无束，旷达放纵。放浪，无拘束，自由自在。形骸，身体。

⑨〔趣（qū）舍〕追求和舍弃。趣，通“趋”，取向。

⑩〔静躁〕恬静与躁动。静，指上文“悟言一室之内”；躁，指上文“放浪形骸之外”。

⑪〔欣于所遇〕对所遇见、接触的事物感到高兴。

⑫〔暂得于己〕自己所要的东西暂时得到了。

⑬〔快然自足〕感到快乐满足。

⑭〔不知老之将至〕（竟然）没感觉老年即将到来。《论语·述而》：“发愤忘食，乐以忘忧，不知老之将至云尔。”

⑮〔所之既倦〕（对）曾经喜爱的事物已经感到厌倦。所之，指所拥有的东西。之，往。

⑯〔情随事迁〕感情随着事物的变化而变化。

⑰〔系〕这里指产生。系，附着，随着。

⑱〔向之所欣〕以往所喜欢的（事物）。

⑲〔陈迹〕往事，旧痕。

⑳〔以之兴怀〕因它而引发感慨。以，因。

㉑〔修短随化〕人的生命长短顺随自然造化。化，造化，自然规律。

尽[①]。古人云："死生亦大矣"[②]，岂不痛哉！

每览昔人兴感之由[③]，若合一契[④]，未尝不临文嗟悼[⑤]，不能喻之于怀[⑥]。固知一死生为虚诞，齐彭殇为妄作[⑦]。后之视今，亦犹今之视昔。悲夫！故列叙时人[⑧]，录其所述[⑨]，虽世殊事异[⑩]，所以兴怀，其致一也[⑪]。后之览者[⑫]，亦将有感于斯文[⑬]。

思考探究：

（1）背诵并默写全文。

（2）作者借用《庄子》的话语，发出"死生亦大矣"的感叹，反映了作者怎样的思想感情？

---

①〔终期于尽〕最终走到尽头。期，至，及。尽，死亡。

②〔死生亦大矣〕死和生是人生的大事。《庄子·德充符》："仲尼曰：'死生亦大矣，而不得与之变；虽天地覆坠，亦将不与之遗；审乎无假而不与物迁，命物之化而守其宗也。'"郭象注："人虽日变，然死生之变，变之大也。"

③〔兴感之由〕引发（人生）感慨的缘由。

④〔若合一契〕像契符一样吻合。契，古人用竹、木、铜等制成契符，各执一半，作为凭信。

⑤〔临文嗟悼〕阅读文章嗟叹哀悼。临，面对。

⑥〔不能喻之于怀〕不能明白于心。喻，明白，理解。

⑦〔固知一死生为虚诞，齐彭殇为妄作〕原本知道将死与生视为一件事的说法是虚妄荒诞的，把长寿与短命等同起来的说法是虚妄杜撰的。固，本来，当然。一，将……视为一体（一样）。虚诞，虚妄荒诞。齐，把……等同起来。彭，彭祖，传说他活了八百多岁。殇，夭折，未成年死亡。妄作，虚妄编造，瞎说。一死生，《庄子·大宗师》："孰知生死存亡之一体者，吾与之友矣。"齐彭殇，《庄子·齐物论》："莫寿于殇子，而彭祖为夭。"

⑧〔列叙时人〕一一记录与会者（的名字）。

⑨〔录其所述〕著录他们所作的诗。刘孝标《世说新语注》引文多出以下数句："右将军司马太原孙丞公等二十六人赋诗如左，前余姚令会稽谢胜等十五人不能赋诗，罚酒各三斗。"

⑩〔世殊事异〕时世变迁，事物有异。

⑪〔其致一也〕他们的情致是相同的。

⑫〔览者〕观者，读者。

⑬〔斯文〕这次集会的诗文。斯，这。

《兰亭集序》教学感悟

具有“天下第一行书”之誉的《兰亭集序》不仅作为书法精品历来为人们所推崇，而且作为经典课文入选人教版和粤教版必修2教材。这篇文章文辞优美，见识高远，至今熠熠生辉。在和学生一起探究了这篇文章后，结合自己的理解和学生的独特观点，我对这篇美文有如下几方面的思考。

一、紧扣“文”“言”，由“言”及“文”

文言文教学只有做到了“文”“言”并举，才能从根本上激发学生阅读文言文的兴趣，从而提高教学效率。“文”“言”并重，就是要“析词理趣，两手并举”。体现这一教学思想，不仅要做好文言文教学的基本工作——字、词、句的解释，还要上出人文情感，让学生浸润在中国传统文化精华的滋养中，产生生命体悟上的共鸣。为此，我重点选取了“极”“齐”“一”“以为”“所以”“之”等重要的文言实词、虚词和判断句、定语后置句等常见的文言句式。

二、找准感情线，调动积极性

通观《兰亭集序》全篇，王羲之时喜时悲，喜极而悲，全文按照“乐—痛—悲”的感情线来行文，文章也随其感情的变化而由平静到激荡，再由激荡而平静，极尽波澜起伏、抑扬顿挫之美。

依据“乐—痛—悲”的感情线，我设计了一个问题：“请大家从文中找出最能表现作者情感的字。”学生畅所欲言，找出了“乐、欣、快、痛、悲”五个字。这时，我就觉得很奇怪，学生为什么会多找出“欣、快”两个字？后来，我发现，“欣、快”确实是体现作者情感的字，只是发挥的作用不一样。经过学生的讨论，我还发现，作者的感情还可以概括为“平静—激荡—平静”的过程，而这一过程也正好与“乐—痛—悲”表达的感情在程度上是一致的。作者在兰亭一觞一咏，周围映带的是诗情画意的美景，这些都让他感觉快乐，这时的快乐是相对平静的。接着，作者想到人生的快乐是有限的，当快乐得到满足时，就会厌倦。以前喜欢的事情，转眼间就成为过去，时间消逝得多么快，人生又是多么无常！死和生都是人一生中的大事。由此作者感到了“痛”，感情在此时升到了最高点，也最为激荡！但慢慢地，作者又平静了下来，表明自己“固知一死生为虚诞，齐彭殇为妄作”的观点，从而进一步深入地探求生命的价值和意义，并产生了一种珍惜时间、眷恋生活、热爱文明的思考。至此，作者的激荡的“痛”转化成了平静的“悲”，他于是著文章流传后世，以承袭前任，启示后人。

在课堂上发现了这点后，我就引导学生逐个分析他们找的字。“欣、快”也是快乐的感情，而它们所处的位置在“乐”和“痛”之间，所以它们起的作用是过渡，从第1、2自然段感情的总结字“乐”转到了第3自然段感情的总结字“痛”，正是因为有了“欣、快”等字，才使得“乐”与“痛”的衔接转化自然流畅，浑然不觉中就由“信可乐也”转到了“岂不痛哉”。

由这节课我总结出，学生的回答都有他们自己的道理，教师不应该武断地予以否定，而应该充分尊重学生的思考角度，先明白学生为什么会得出不同的答案，他们思考的出发点是什么，然后再逐步引导学生得出最准确、最完美的答案。就本课而言，就是要在找出感情线的同时，不忘关注感情间的连接点。

《兰亭集序》这一课结束了，但它带给我和学生的启示和影响不但没有结束，反而更加深刻，它让我们都学会了正确看待人生、看待生死，让我们都懂得了珍爱生命，眷恋生活。

《离骚》教学设计

一、教学内容

人教版高中语文必修2第二单元第5课。（第2课时）

二、教学目标

（1）通过反复朗读，体会屈原内心的纠结与坚守。（教学重点）

（2）通过创设情境，在多重思辨中，理解屈原人物形象的历史与当代意义。（教学难点）

三、教学目标确定依据

（1）因声求义：诗歌文体的独特性，感受汉语缓急顿挫的节奏，从而体会人物内心的情感。

（2）披文入情：沿波讨源，理解人物命运的成因，以历史的、现代的视角评价文化原型，增强文化自信。

四、教学活动具体安排

1. 与主角对质：我问屈原

依据：《离骚》语言生僻、时代久远，通过创设平等对话的情境，拉近学生与屈原之间的距离。

活动：以小组为单位，基于文本内容和文化常识，对屈原提出一个最困惑的问题。

预设：学生的提问会各有侧重，此时需要引导学生的思维，合并同质问题，或是寻找上位的主问题，主要围绕“延伫乎吾将反”（退隐修身）与最后自杀的矛盾冲突。

本节课将集中精力，一层层抽丝剥茧，直抵屈原内心世界，从而解决此问题。其中，退隐是基于文本内容提出的关键词，将以此为突破口，解决学生的理解问题。

2. 与自我对质：我是屈原

依据：通过主客对换，引导学生与屈原共情共鸣。

活动：以“退隐”为抓手，梳理概括退隐的原因和特点。要求学生把和“退隐”有关的语句有感情地朗读出来。

预设：通过分析香草美人的手法，学生会得出“退隐”的特点（心有不甘、延宕、进退维谷），体会到屈原退隐行为中的纠结与踌躇。

3. 与文化对质：我看屈原

依据：在对比中，深入理解屈原的人物内心世界与价值构成，以陶渊明解屈原。

活动：和陶渊明进行比较。屈原：及行迷之未远。陶渊明：实迷途其未远。两人都是身陷迷途，为什么屈原不能和陶渊明一样最终退隐？

《归去来兮辞》：归去来兮，田园将芜胡不归？既自以心为形役，奚惆怅而独悲？悟已往之不谏，知来者之可追。实迷途其未远，觉今是而昨非。舟遥遥以轻飏，风飘飘而吹衣。问征夫以前路，恨晨光之熹微。

《归园田居》：少无适俗韵，性本爱丘山。误落尘网中，一去三十年。羁鸟恋旧林，池鱼思故渊。开荒南野际，守拙归园田。方宅十余亩，草屋八九间。榆柳荫后檐，桃李罗堂前。暧暧远人村，依依墟里烟。狗吠深巷中，鸡鸣桑树颠。户庭无尘杂，虚室有余闲。久在樊笼里，复得返自然。

预设：都有纠结与反复，但是相较于家国情怀，陶渊明更看重个人操守。屈原则是将个人操守与国家担当融为一体，屈原很难像陶渊明一样，他无法安闲自在地享受退隐修身的快乐，同时又不能实现自己的美政目标，故而陷入进退两难的绝境。

五、预设重点问题

在“我看屈原”环节中，比较屈原和陶渊明的不同选择之后，引导学生深入理解屈原的人物形象并给予合理评价。

六、预设问题讲解概要

对屈原和陶渊明进行比较，两人都说要归去，都有着大量的纠结与犹豫，经过一番思想的较量，陶渊明最后真的回归田园了，而只剩下屈原还在那里纠结痛苦。

两人都是有着道德洁癖的理想主义者，都是不合群的人。而不合群的人想改变被孤立的处境，有三条路：改自己、改他人、改群。屈原和陶渊明都不愿改变自己，陶渊明选择了改群，而屈原则一直坚持改他人。改变他人（政治环境）希望渺茫，改群心有不甘，自己的操守毫不退让，那么就只能在进与退的纠结中被撕扯，这便是他痛苦的根源。

当最后楚国国破的消息传来，国家情怀已然覆灭，与国家情怀水乳交融的个人操行也就不复存在，对于屈原而言，所有价值的寄托都消失了，也就只能走向死亡了。

按照现代观点，屈原似乎有点“轴”，认死理，不知变通。在这个“识时务为俊杰”的时代，他的坚持显得迂腐而无用；但是如果大家都是“知其不可为便不为”的明哲保身者，中华文明的精神内涵就只剩下与世推移的太极哲学了，会少很多刚健有为。这就是我们学习《离骚》的意义，通过一个屈原的纠结与死亡的结局，我们看到的是一个傲然挺立、绝不退让的战士！

附：

离骚[①]

屈 原

长太息[②]以掩涕兮，哀民生[③]之多艰。余虽好修姱以鞿羁兮，謇朝谇而夕替[④]。既替余以蕙纕兮，又申之以揽茝[⑤]。亦余心之所善兮，虽九死其犹未悔。怨灵修[⑥]之浩荡[⑦]兮，终不察夫民心。众女嫉余之蛾眉兮，谣诼谓余以善淫[⑧]。

---

① 节选自《楚辞校释》（人民教育出版社，1990年版）。屈原（约公元前340—公元前278），名平，字原。战国时期楚国人，曾任楚国的左徒和三闾大夫。《楚辞》收录了战国时期楚国屈原、宋玉等人的作品，西汉刘向辑。这些作品运用楚地的诗歌形式、方言声韵，描写楚地风土人情，具有浓厚的地方色彩，故名《楚辞》。后世称这种诗体为“楚辞体”或“骚体”。《离骚》是《楚辞》的代表作，共373句，是我国古代最长的抒情诗。“离骚”的含义，有的说是“离愁”，有的说是“遗忧”，还有的说是楚地的古乐曲名。

②〔太息〕叹息。

③〔民生〕百姓的生活。一作“人生”。

④〔余虽好（hào）修姱（kuā）以鞿（jī）羁兮，謇（jiǎn）朝谇（suì）而夕替〕我虽然崇尚美德而约束自己啊，可早上进谏而晚上即遭贬黜。好，爱慕、崇尚。修姱，修洁而美好。鞿羁，喻指束缚、约束。鞿，马缰绳。羁，马笼头。謇，古楚语的句首语气词。谇，谏诤。替，废弃、贬斥。

⑤〔既替余以蕙纕（xiāng）兮，又申之以揽茝（chǎi）〕既因为我用香蕙作佩带而贬黜我啊，又因为我采集白芷而给我加上罪名。替，废弃。蕙，香草名，也叫“薰草”，俗名“佩兰”。纕，佩带。申，加上。揽，采集。茝，香草名，即白芷。蕙纕、揽茝，比喻高尚的德行。

⑥〔灵修〕神仙，这里指怀王。

⑦〔浩荡〕荒唐，没有准则。

⑧〔众女嫉余之蛾眉兮，谣诼（zhuó）谓余以善淫〕许多女人嫉妒我秀美的蛾眉啊，诽谤我好做淫荡之事。众女，喻指许多小人。蛾眉，喻指高尚德行。谣诼，造谣、诽谤。淫，淫荡。

固时俗之工巧兮，偭规矩而改错[①]。背绳墨以追曲兮，竞周容以为度[②]。忳郁邑余侘傺兮，吾独穷困乎此时也[③]。宁溘死[④]以流亡兮，余不忍为此态也！鸷鸟[⑤]之不群兮，自前世而固然。何方圜之周兮？夫孰异道而相安[⑥]？屈心而抑志兮，忍尤而攘垢[⑦]。伏清白以死直兮，固前圣之所厚[⑧]。

悔相道之不察兮，延伫乎吾将反[⑨]。回朕车以复路兮，及行迷之未远[⑩]。

---

①〔固是俗之工巧兮，偭（miǎn）规矩而改错〕世俗本来是适合于投机取巧啊，违背规矩而任意改变。固，本来。时俗，世俗。工巧，善于取巧，偭，背向，引申为违背。错，通“措”，措施。

②〔背绳墨以追曲兮，竞周容以为度〕违背准绳而随意歪曲啊，竞相把苟合取悦于人奉作法度。绳墨，木匠画直线的工具，俗称墨斗，比喻准绳，准则。周容，苟合取容。度，法度、准则。

③〔忳（tún）郁邑余侘傺（chà chì）兮，吾独穷困乎此时也〕烦闷失意啊，只有我在此时走投无路。忳郁邑，强调闷忧之深切。忳，忧闷。郁邑，通“郁悒”，忧愁苦闷。侘傺，失意的样子，穷困（路）阻塞不通，引申为走投无路的意思。

④〔溘（kē）死〕突然死去。溘，突然、忽然。

⑤〔鸷鸟〕鸷，凶猛的鸟，指鹰、雕等。鸟，这里指一般的鸟。

⑥〔何方圜（yuán）之能周兮？夫孰异道而相安〕哪有圜凿和方枘（ruì）能够相合的啊？哪有道不同可以相安的？方圜，方和，方枘（榫头）和圜凿（榫眼）。圜，通“圆”。周，合。孰，何。异道不同道。

⑦〔屈心而抑志兮，忍尤而攘垢（gòu）〕受着委屈而压抑着意志啊，忍受着责骂和侮辱。尤，责骂。攘，忍受。垢，侮辱。

⑧〔伏清白以死直兮，固前圣之所厚〕保持清白而献身正道啊，本来是古代圣贤所推崇的。伏，守、保持。

⑨〔悔相道之不察兮，延伫乎吾将反〕后悔选择道路时没有看清啊，我久久伫立而想返回。相道，观察、选择道路。延，久久。伫，借为“眝”，望。反，返回。

⑩〔回朕车以复路兮，及行迷之未远〕掉转我的车子返回原路，趁着迷路还不算远。朕，第一人称代词（自秦始皇起专用作皇帝的自称）。复路，回原路。及，趁着。行迷，走迷了路。

步余马于兰皋兮，驰椒丘且焉止息①。进不入以离尤兮，退将复修吾初服②。制芰荷以为衣兮，集芙蓉以为裳③。不吾知其亦已兮，苟余情其信芳④。高余冠之岌岌兮，长余佩之陆离⑤。芳与泽其杂糅兮，唯昭质其犹未亏⑥。忽反顾以游目兮，将往观乎四荒⑦。佩缤纷其繁饰兮，芳菲菲其弥章⑧。民生各有所乐兮，余独好修以为常⑨。虽体解吾犹未变兮，岂余心之可惩⑩？

---

①〔步余马于兰皋兮，驰椒丘且焉止息〕赶着我的马车缓缓走在长着兰草的水湾岸边啊，疾驰到长着椒树的山冈暂且休息。步，缓行。余马，我的马车，即上节的"联车"。兰皋，长着兰草的水湾的岸边。皋，沼泽弯曲处。椒丘，长着树的山冈。驰，快跑。焉，于彼，在那里。止息，停下来休息。

②〔进不如以离尤兮，退将复修吾初服〕到朝廷做官而不被（君王）接纳，又遭受指责啊，就退隐了，重新调理我当初的衣服，不入，不被君王所用。离，通"罹"，遭受。初服，指未出仕前的服饰，比喻原先的志向。

③〔制芰（jì）荷以为衣兮，集芙蓉以为裳〕裁剪荷叶做上衣啊，缀缝荷花花瓣做下装。芰荷，荷叶。芙蓉，荷花。

④〔不吾知其亦已兮，苟余情信其芳〕不了解我也罢了啊，只要我本心确实是美好的，即"不知吾"。亦已兮，也就算了啊。苟，只要。信，确实。芳，美好。

⑤〔高余冠之岌岌（jí jí）兮，长余佩之陆离〕再加高我高高的帽子啊，再加长我长长的佩带。高、长，用作动词。岌岌，高耸的样子。陆离，修长的样子。

⑥〔芳与泽其杂糅兮，唯昭质其犹未亏〕（因为）我的芳香和光泽杂糅在一起啊，（所以）唯独我光明纯洁的品质没有亏损。芳，芳香。泽，光泽。昭质，光明纯洁的本质。

⑦〔忽反顾以游目兮，将往观乎四荒〕忽然回头放眼远眺啊，将去看看四方广大的土地。反顾，回头看。游目，放眼观看。四荒，指辽阔大地。

⑧〔佩缤纷其繁饰兮，芳菲菲其弥章〕佩戴上缤纷多彩的服饰啊，菲菲芳香更加显著。缤纷，繁多。繁饰，众多装饰品。芳菲菲，服饰品之芳香浓烈。弥彰，更加明显。章，通"彰"。

⑨〔民生各有所乐兮，余独好修以为常〕让人生各有各的乐趣啊，我独爱美，并且习以为常。好修，爱美，比喻修身养性。以为常，认为是常规。

⑩〔虽体解吾犹未变兮，岂余心之可惩〕即使被截肢我还是不会改变啊。难道我的志向是可以因受挫而改变的吗？惩，受创而改变。

研讨与练习：

（1）疏通课文大意，有感情地朗读课文。

（2）“亦余心之所善兮，虽九死其犹未悔”是诗人直抒胸臆、表白心志的诗句，课文里类似的诗句还有一些，试把它们找出来。再以它们为线索，说说诗里写了哪些内容。

（3）《离骚》的句式长短不一，又多用对偶手法，呈现出错落中见整齐，在整齐中又富于变化的特点。请具体说说下列诗句是如何构成对偶的。

① 既替余以蕙纕兮，又申之以揽茝。

② 固时俗之工巧兮，偭规矩而改错。背绳墨以追曲兮，竞周容以为度。

③ 何方圜之能周兮？夫孰异道而相安？

④ 屈心而抑志兮，忍尤而攘诟。

⑤ 制芰荷以为衣兮，集芙蓉以为裳。

（4）《离骚》多用比兴手法，正如东汉王逸所说的“善鸟香草以配忠贞，恶禽臭物以比谗佞，灵修美人以媲于君”。请从诗中找出一些例子来，并简要分析它们各自的寓意。

屈平正道直行，竭忠尽智，以事其君，谗人间之，可谓穷矣。信而见疑，忠而被谤，能无怨乎？屈平之作《离骚》盖自怨生也。

（汉）司马迁《史记·屈原贾生列传》

顿挫莫善于《离骚》，自一篇以至一章，及一两句，皆有之，此所谓“反复致意”者。

（清）刘熙载《艺概》

较之于诗，则其言甚长，其思甚幻，其文甚丽，其旨甚明，凭心而言，不遵矩度。故后儒之服膺诗教者，或訾而绌之，然其影响于后来之文章，乃甚或在三百篇以上。

鲁迅《汉文学史纲要》

《离骚》教学感悟

屈原作为世界文化名人，其忧国忧民的情怀、洁身自好的品质和献身理想的精神对后世产生了深远影响。他的代表作品《离骚》入选人教版必修2教材。这篇文章语言奇伟瑰丽，想象新奇动人，内容深厚，思想深邃，情感真挚，理解起来颇有难度。为了让学生更好地读懂这篇佳作，我做了以下尝试。

屈原和端午节有着密切的联系，而端午节又是学生熟悉的一个传统节日，我首先抛出一个问题：同学们，我们这里的端午节有哪些习俗？学生的热情迅速被点燃。有人说吃粽子，有人说赛龙舟，还有人说喝雄黄酒，等等。这时我就顺着学生的思维把屈原与端午节的关系进行了一番介绍。屈原的伟大形象很快就定格在学生心中。

了解屈原只是基础，这首诗歌单是流利地朗读出来就不是易事。诗歌生僻字很多，难读难理解。我上课之前给学生布置了学习任务，让学生借助工具书查清生字词的读音，弄清它们的意义。学生在预习时有一个重大的发现：诗中怎么有这么多“兮”字。这时，我就告诉他们这是古代楚地的一个方言词。大量使用楚地方言词恰恰就是《离骚》乃至“楚辞”的特点。为了让学生更好地朗读和理解诗人的情感，我选择了名家朗读视频，做好节奏划分和轻重读的示范，然后再让学生自由朗读感悟。几遍下来，学生基本可以流利地朗读出来了。

疏通诗意是本文教学的重点之一。诗题的含义就是需要解决的一个难题。“离”同“罹”，“遭受、遭遇”的意思，“骚”是“忧愁”的意思，合起来就是“遭受忧愁”的意思。对于这一点，学生是不易解决的，需要教师讲解。诗中还有很多重要的实词、虚词、古今异义词、通假字等都需要作为重点内容与学生一起交流解决。至于诗中出现的状语后置等文言特殊句式不必作为重点，可以放到今后的教学中解决。只要学生能将语句翻译准确即可。作为高一的学生我觉得此时讲太多不太合适，且本课是诗歌，重点不应在此。后来发现，尽管在疏通诗意上花费了很多心思，但还是有一些学生没能完全掌握。

赏析屈原的形象，品味屈原精神的内蕴是教学的重点之一。学生能熟读，知文义，通过问题设置感知屈原伟大的人格和精神魅力。作为一位杰出的政治家和爱国志士，屈原爱祖国、爱人民、坚持真理、宁死不屈的精神和他的人格，千百年来感召和哺育着无数中华儿女。在教学过程中，我设计了以下问题让学生讨论：

（1）屈原生活在什么样的政治环境中？用文中诗句回答。

（2）在这样的背景下生存的屈原要做一个什么样的人？他有什么样的品质和理想追求？

（3）面对不幸遭遇，屈原的态度是什么？他后悔了吗？

（4）对于屈原“抱石沉江，以身殉国”的行为，你赞成吗？

（5）如何看待屈原和陶渊明不同的行为？

让学生在小组内讨论问题，最后由学生回答，教师点评。这样既避免了教师一言堂学生昏昏欲睡的情况出现，又能提高学生的参与度和热情，共同把《离骚》这个难点攻克。

最后，就是落实背诵默写。由于诗歌晦涩难解，诗歌背诵成了一个难点。如何唱好背诵这出戏，我思考了很久，发现营造集体背诵氛围相当重要。为此，早读期间我大声参与到学生的朗读背诵中。我设置了6个小组，每组选择一个小组长。每天以PK的形式让各组派代表比赛。经过几次PK大多数学生可以背下来了。仅会背诵还不行，还需要默写，每次早读后10分钟，我会挑选5~10个重要的句子让学生默写，然后了解他们掌握的情况。承认《离骚》难读难背，想方设法化难为易，调动学生积极参与，营造班级背诵氛围，师生齐心协力，《离骚》通关也很容易。

《蜀道难》教学设计

一、教学内容

粤教版高中语文教材必修3第四单元第15课（第1课时，共2课时）。

二、教学目标

（1）通过对诗歌前两句的诵读和讨论，掌握夸张手法的涵泳方法和作用，感受语言之美，鉴赏惊人之语，加强审美体验。（教学重点）

（2）通过对夸张手法的涵泳咀嚼，能够自主研读并探究全诗夸张之语，学会涵泳。

三、教学目标确定依据

（1）涵泳是诗歌教学的基本功和重要策略。诗是语言的艺术，高度凝练，含义丰富而思想深刻，并具备暗示性。朱熹所谓：“口到、心到，其义自见。”

（2）夸张手法是李白诗歌的重要写作特色。通过涵泳咀嚼，学生领会这种手法，有助于他们感受诗歌情境，把握思想流程、人生历程及暗喻内涵。

（3）夸张手法是高中生应掌握的重要手法，以其为中心点并作为任务群外延的根据，有助于为学生提供系统的知识与经验。

四、教学活动基本流程

导入→体验式及互评式涵泳→了解创作背景及意图→对比式写作、涵泳→整合夸张作用→自主研读全诗惊人之语及匠心构思→蓄势第2课时。

五、教学活动具体安排

（1）以历代评点，尤其是杜甫的评价“白也诗无敌，飘然思不群”为导入，明确学会涵泳并掌握夸张手法的作用是学习的内容及重点。

（2）预设语句“噫吁嚱，危乎高哉！蜀道之难，难于上青天！”点明夸张手法，并创设情境，请学生尝试结合生活体验诵读咀嚼，与诗人、诗歌产生共鸣。

（3）生生、师生涵泳互评，从音值、句调、停顿、语速、轻重等方面引导并反复涵泳评价。

（4）研读“夸张”作用，改写语句，让学生将两句中的夸张成分去掉，改写成普通的句子。通过对修改前后的对比涵泳，让学生咀嚼有无夸张手法在朗诵时的区别；尝试领会缺少夸张手法，文章在语气方面、想象空间方面、意境的构建方面、事物形象性方面、读者意识方面的缺失。

（5）通过同义语句转换的办法，协助学生整合夸张作用，以之为驱动，让学生尝试涵泳该诗歌其余部分，体验壮美、奇险与凶险；感受作者的思想与情怀，为第2课时做好充分的蓄势。

六、预设问题讲解概要

（1）在学生明确作者运用了夸张手法但无法准确诵读的情况下，这两句该怎样准确涵泳？

解决：通过幻灯片的展示或创设情境，以反复诵读、评价、师生对比涵泳的办法，分析在惊人方面效果的不同，引导学生从朗诵的角度对这两句诗的轻重、语调、语气、停顿进行准确把握。

（2）在准确涵泳这两句后，提出问题：李白为何要反复使用这种夸张的手法？

解决：通过注释，了解李白写作此诗的背景，引导学生懂得蜀道不仅仅是一条路，也隐喻人生之路、国家之路，对盛唐之下的无比繁华，作者不乏隐忧。

（3）在学生明白了创作意图的情况下，提出问题：夸张手法有怎样的作用？

解决：以“阅读与写作的一体两面”理论为支撑，通过对比写作、涵泳的方法，让学生改写语句，去掉夸张成分，对比改写前后语句的区别，用反向引导的形式，协助学生从语气、想象空间、意境构建、形象性、读者意识方面自主探究改写后句子的缺失，再正向整合夸张手法的作用。

（4）在学生准确掌握了前两句的涵泳方法，理解了李白的创作意图，懂得了夸张作用的情况下，提出问题：该手法并非这两句诗独有，全诗还有多处使用了这种手法，有多少处？那么该怎样对整首诗的夸张手法语句进行涵泳？

解决：这是一个课内任务群活动的设计环节，将已掌握的夸张手法的作用、创作背景和前两句的涵泳技巧作为驱动点，引导学生调动经验，自主探究其余夸张语句的涵泳方法，领会惊人之语，解匠心构思，为第2课时夸张手法的任务群全面展开做充分蓄势。

附：

蜀道难①

李 白

噫吁嚱②，危③乎高哉！蜀道之难，难于上青天！蚕丛及鱼凫④，开国何茫然⑤。尔来⑥四万八千岁，不与秦塞⑦通人烟。西当太白有鸟道⑧，可以横绝峨

---

① 选自《李太白全集》卷三（中华书局，1977年版）。蜀道难，古乐府旧题。这首诗大约写于天宝初年。

②〔噫吁嚱（yī xū xī）〕惊叹词，蜀地方言。

③〔危〕高。

④〔蚕丛及鱼凫（fú）〕蚕丛、鱼凫都是传说中远古蜀国之王。扬雄《蜀王本纪》：“蜀王之先名蚕丛、柏濩、鱼凫、蒲泽、开明。是时椎髻左衽，不晓文字，未有礼乐。从开明上至蚕丛，凡三万四千岁。”

⑤〔茫然〕指时间久远。

⑥〔尔来〕从那时以来。

⑦〔秦塞〕指秦地，即今陕西一带。秦中自古被称为四塞之国。塞，山川险阻的地方。

⑧〔西当太白有鸟道〕向西有太白山迎面而立，上面只有鸟儿飞行的路径。太白，山名，在今陕西眉县东南。

眉[1]巅。地崩山摧壮士死[2]，然后天梯石栈[3]相钩连。上有六龙回日之高标，下有冲波逆折之回川[4]。黄鹤之飞尚不得过，猿猱[5]欲度愁攀援。青泥何盘盘[6]，百步九折萦岩峦。扪参历井仰胁息[7]，以手抚膺坐长叹。问君西游何时还，畏途巉岩[8]不可攀。但见悲鸟号古木，雄飞雌从绕林间。又闻子规啼夜月，愁空山。蜀道之难，难于上青天，使人听此凋朱颜。连峰去天不盈尺，枯松倒挂倚绝壁。飞湍瀑流争喧豗[9]，砯崖转石万壑雷[10]。其险也如此，嗟尔远道之人胡为乎[11]来哉！

---

①〔蛾眉〕山名，在今四川峨眉山西南。

②〔地崩山摧壮士死〕典出《华阳国志·蜀志》。传说秦惠王想征服蜀国，送给蜀王五个美女，蜀王派五力士去接，返至梓潼（今四川梓潼）时看见一条大蛇钻进山穴中。五个力士一起想把蛇拉出来，结果把山拉倒了，力士和美女都被压死，山也分成五岭。

③〔天梯石栈〕天梯，指险峻的山路。石栈，在山崖上凿石架木建成的通道。

④〔上有六龙回日之高标，下有冲波逆折之回川〕上有使羲和（太阳神）驾车到此也要回头的高峰，下有波涛回旋的急流。六龙，古代神话，羲和驾着六条龙所拉的车子，载着太阳在空中运行。高标，这里指山的最高峰。一说山名，又名“高望山”。逆折，回旋，倒流。

⑤〔猿猱〕猿类，身体灵活善攀援。

⑥〔青泥何盘盘〕青泥岭多么盘旋曲折。青泥，岭名，在今陕西略阳西北。

⑦〔扪参（mén shēn）历井仰胁息〕人在山上，仿佛触摸、穿越星星而过，仰头望天，使人屏住呼吸。参、井，星宿名。古代天文学家把黄道（太阳和月亮经过的天区）的恒星分为二十八星宿，与地上的州城相对应，称为分野。参是蜀的分野，井是秦的分野。青泥岭为自秦入蜀之路，因此用两星相连来称说。

⑧〔巉（chán）岩〕险峻的山岩。

⑨〔喧豗（huī）〕飞流撞击的轰响。

⑩〔砯（pīng）崖转石万壑雷〕水冲击山崖，使石块滚滚而下，山谷间发出雷鸣般的巨大声响。砯，水击岩声，这里作动词。

⑪〔胡为乎〕为什么。

剑阁峥嵘而崔嵬[①]，一夫当关，万夫莫开[②]。所守或匪亲，化为狼与豺[③]。朝避猛虎，夕避长蛇，磨牙吮血，杀人如麻。锦城[④]虽云乐，不如早还家。蜀道之难，难于上青天，侧身西望长咨嗟！[⑤]

思考·探索·练习：

（1）朗诵课文，体会诗中句子的长短与所表现的情感的关系。

（2）诗中三次咏叹“蜀道之难，难于上青天”，每一次的含义有什么变化？其作用是什么？

（3）课文描写蜀道之难，突出了它哪几方面的特点？找出诗中丰富的想象和大胆夸张的诗句，体会作者是如何表现蜀道之难的。

（4）李白诗歌雄起瑰丽，富于浪漫色彩。说说课文是怎样体现李白诗歌的这种风格的。

---

①〔剑阁峥嵘而崔嵬（wéi）〕剑阁峻险而高耸。剑阁，栈道名，在今四川剑阁东北的大剑山和小剑山之间，相传为诸葛亮所修筑，是川陕间的主要通道，军事戍守要地，群峰插天，极为险要。峥嵘、崔嵬都是形容山势高大雄峻的样子。

②〔一夫当关，万夫莫开〕形容剑阁易守难攻。张载《剑阁铭》载：“惟蜀之门，作固作镇。是曰剑阁，壁立千仞。……一人荷戟，万夫趑趄（zī jū，徘徊不前的样子）。形胜之地，匪亲勿居。”

③〔所守或匪亲，化为狼与豺〕守关的将领倘若不是亲信，就会成为祸害。匪，通“非”。

④〔锦城〕锦官城，即今四川成都。

⑤〔咨（zī）嗟〕叹息。

《蜀道难》教学设计评析

首先是教学目标。《蜀道难》是李白诗歌中的名篇，也是中国古典诗歌中的名篇。文章表现了李白诗歌豪放飘逸的浪漫主义的艺术特色，充分地展现了李白的艺术个性。我确定的教学目标就是学生能够了解《蜀道难》的内容，感悟李白的诗歌魅力。魅力主要体现为诗歌精巧的行文结构、大胆的夸张、不羁而奇特的想象。教学方法暂定为讲授法，以我讲为主，讨论为辅，这是由学生的实际情况决定的。

然后是教学过程。导入之后，先朗诵课文。我自己朗诵，目的是让学生觉得学习背诵这篇文章比较简单，跟着学，我教学起来容易些。

接下来是文本解读。先说题目，蜀道难，重在“难”字，课文围绕“难”字组织内容。于是，课文开门见山，“噫吁嚱，危乎高哉！蜀道之难，难于上青天！”起笔不凡，连用三个感叹词，发出惊叹，然后以夸张的笔法总写蜀道之险峻，主要是两点：危和高。危，写蜀道之险；高，写蜀道之峻。这两字总领全文，写蜀道山川之雄伟险峻。“难于上青天”的夸张给读者留下独特鲜明的印象和惊心动魄的感受。

“蚕丛及鱼凫，开国何茫然！尔来四万八千岁，不与秦塞通人烟。西当太白有鸟道，可以横绝峨眉巅。地崩山摧壮士死，然后天梯石栈相钩连。”诗人先用古老的历史传说来渲染蜀道之艰难。茫茫四万八千年，这样漫长的时间里都不通人烟，其艰险难行就可以想象了。然后用“五丁开山”的神话，从太白山鸟道到天梯石栈，最后进入真正的蜀道。历史传说、神话故事本身就给我们缥缈的感觉，用它来写蜀道，蜀道仿佛又在那“缥缈”之上，更让人觉得攀登的艰难。 进入蜀道，“上有六龙回日之高标，下有冲波逆折之回川。黄鹤之飞尚不得过，猿猱欲度愁攀援。青泥何盘盘，百步九折萦岩峦。扪参历井仰胁息，以手抚膺坐长叹”。那突兀的山峰，可以阻挡太阳的行进，那崎岖的沟壑，可以形成汹涌的浪涛。擅长高飞的黄鹤不能过，攀爬敏捷的猿猱也发愁。青泥岭更是悬崖万仞，艰险难行。总之，从秦地到蜀地，都得提心吊胆屏住呼吸。蜀道的险峻由此可见一斑。

如果上面这八句是正面客观地描绘蜀道的险峻，下面的描写就应是从主观感受去描写蜀道的险峻了。这是李白高明的地方，文章富于变化。“但见悲鸟号古木，雄飞雌从绕林间。又闻子规啼夜月，愁空山。”一个“见”字一个“闻”字，使景物带有强烈的感情色彩。这样，主客观就交融到一起：景物本身就渲染出走在蜀道上旅人内心的惊惧和悲愁，而这惊惧和悲愁又反过来很好地烘托了蜀道的险峻。

下面还有四句写景。“连峰去天不盈尺，枯松倒挂倚绝壁。飞湍瀑流争喧豗，砯崖转石万壑雷。”仍然写蜀道的险峻，是重复但又不是简单的重复。诗人有意重复，使蜀道的险峻更鲜明、更突出，给读者更深的印象，但在写法和具体形象上，又与先前不同。先前的景物多属想象，而这里是实景。前面两句写所见，后面两句写所闻，写旅人的主观感受，同样使读者感到真实而亲切。

于是，一幅雄伟壮丽、险峻奇峭，令人惊心动魄的蜀道画就展示在读者的面前，叫人不得不佩服李白诗歌艺术的高妙。

行文至此，似乎可以结束了。然而诗人笔锋一转，劝说朋友不要到蜀地去了。“剑阁峥嵘而崔嵬，一夫当关，万夫莫开。所守或匪亲，化为狼与豺。朝避猛虎，夕避长蛇，磨牙吮血，杀人如麻。锦城虽云乐，不如早还家。”这里化用了张载《剑阁铭》的内容，蜀地地势如此险要，如果据守的人不可信赖，就有可能变成豺狼一般的强盗，酿成流血杀人的惨祸。这几句与前面的内容看似不协调，实则很有用。正是蜀道险峻，所以政府的权力就很难到达这里，于是就有强盗的出现；而强盗的出现反过来又衬托出此地的险峻，这又是作者富于变化的地方。

文本解读到此为止，我估摸着得花上半节课的时间。还剩十来分钟，我就提几个问题，理出文章的线索来，让学生加深印象，最后还剩几分钟，让学生背诵全文。问题如下，仅供参考：

（1）画出由秦入蜀的路线图。（长安→太白山→峨眉山→青泥岭→剑阁→成都）（目的是强化学生信息挖掘能力）

（2）描绘蜀道运用了哪些艺术手法？（夸张、拟人、衬托等）（目的是强化学生对李白诗歌魅力的感悟）

（3）诗人"一唱三叹"，请简述三叹的内容和作用。（一叹蜀道之高险，二叹蜀道之惊险，三叹蜀道之凶险；一叹惊讶突兀，二叹畏惧、发愁，三叹无奈作罢）（目的是加深学生对课文的理解和领悟）

《小石潭记》教学设计

一、教学内容

部编版语文八年级下册第三单元第10课。

二、教学目标

（1）积累文言词语。

（2）通过品读景物描写，感悟作者内心世界。

三、教学目标确定依据

1. 课程目标

“诵读古代诗词，阅读浅显文言文，能借助注释和工具书理解基本内容。注重积累感悟和运用，提高自己的欣赏品位”。［《义务教育语文课程标准（2011年版）》］

2. 单元目标

阅读这些诗文，能够让我们了解古人的思想、情趣，感受他们的智慧，受到美的熏陶和感染。学习这个单元，要先借助注释和工具书读懂课文大意，然后通过反复诵读，领会诗文的丰富内涵，品味精美的语言，并积累一些常用的文言词语。（单元导读）

3. 教材分析

《小石潭记》是唐朝诗人柳宗元的作品，记叙了作者游玩的整个过程，以优美的语言描写了小石潭的景色，含蓄地抒发了作者被贬后无法排遣的忧伤凄苦的感情。

4. 学情

优势：能清晰响亮朗读，能借助注释和工具书读懂文章大意；不足：重点词语解释不准确，不懂运用知人论世的方法理解文章表达的复杂情感。

5. 校本研训

善教、互动、乐学。

四、教学活动基本流程

（1）朗读课文，感知文义。

（2）按图索骥，疏通文义。

（3）知人论世，体悟情感。

（4）浮想联翩，感悟风骨。

五、教学活动具体安排

1. 朗读课文，感知文义

朗读课文，正字音、明节奏。

2. 按图索骥，疏通文义

（1）结合课下注释，翻译课文。小组合作，解决疑难字词。

（2）依据原文，找找图画与原文不符的地方。

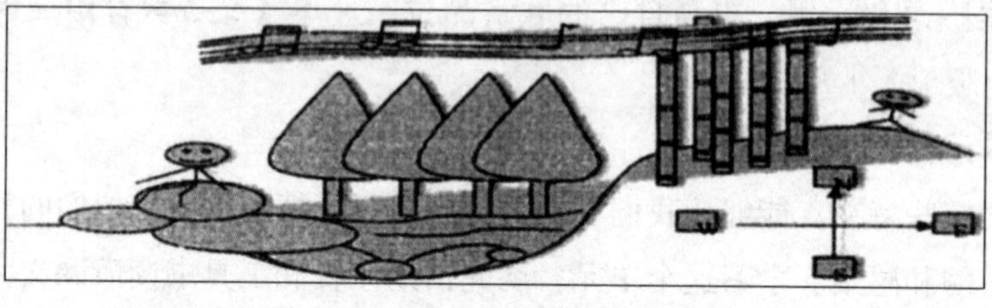

《小石潭记》教材插图

3. 知人论世，体悟情感

（1）置身于这样的小石潭，作者的心情是怎样的呢？

（2）讨论：作者的心情到底是“乐”还是“凄”？

（3）资料链接，知人论世。

（4）配乐朗读，体会情境。

六、预设问题

在“知人论世，体悟情感”教学环节中，引导学生讨论作者心情这一教学情境下，提出以下问题：

第一，从文中直接找出表现作者心情的语句。

第二，理解并分析作者情感的起伏变化。

第三，分析作者情感起伏变化的原因。

七、预设问题讲解概要

第一，引导学生关注文本，通过景物描写感受作者情感的起伏变化。

第二，通过知识链接，运用知人论世的方法，理解作者情感起伏变化的原因。

附：

小石潭记[①]

柳宗元

从小丘西行百二十步，隔篁竹[②]，闻水声，如鸣珮环[③]，心乐之[④]。伐竹取道，下见小潭，水尤清冽[⑤]。全石以为底[⑥]，近岸，卷石底以出[⑦]，为坻[⑧]，为

① 选自《柳河东集》卷二十九（上海古籍出版社，2008年版）。原题为《至小丘西小石潭记》。柳宗元（773—819），字子厚，河东（今山西永济西）人，唐代文学家，“唐宋八大家”之一。参加永贞元年（805）王叔文领导的政治革新运动，失败后被贬。

②〔篁（huáng）竹〕竹林。

③〔如鸣珮环〕好像佩带的珮环碰撞发出的声音。珮、环，都是玉饰。

④〔心乐之〕心情为之高兴。乐，以……为乐。

⑤〔水尤清冽（liè）〕水格外清凉。尤，格外。

⑥〔全石以为底〕以整块的石头为底。

⑦〔卷石底以出〕石底周边部分翻卷过来，露出水面。

⑧〔坻（chí）〕水中高地。

屿，为嵁[1]，为岩。青树翠蔓[2]，蒙络摇缀，参差披拂[3]。

潭中鱼可百许头[4]，皆若空游无所依[5]，日光下澈，影布石上[6]。佁然[7]不动，俶尔远逝[8]，往来翕忽[9]，似与游者相乐。

潭西南而望，斗折蛇行，明灭可见[10]。其岸势犬牙差互[11]，不可知其源。坐潭上，四面竹树环合，寂寥无人，凄神寒骨[12]，悄怆幽邃[13]。以其境过清[14]，不可久居，乃记之而去。

同游者：吴武陵[15]，龚古[16]，余弟宗玄[17]。隶而从[18]者，崔氏二小生[19]：曰恕己，曰奉壹。

1. 思考探究

（1）这是一篇短小精美的游记。认真读课文，理清游记的线索，然后背诵全文。

（2）本文在景物描写中蕴含着情感，阅读时我们能感受到作者情感的起伏

---

①〔嵁（kān）〕不平的岩石。

②〔翠蔓〕翠绿的藤蔓。

③〔蒙络摇缀，参差披拂〕蒙盖缠绕，摇曳牵连，参差不齐，随风飘拂。

④〔可百许头〕约有一百来条。可，大约。许，表示约数。

⑤〔若空游无所依〕好像在空中游动，什么依靠也没有。

⑥〔日光下澈，影布石上〕阳光照到水底，鱼的影子映在水底的石头上。澈，穿透。

⑦〔佁（yǐ）然〕静止不动的样子。

⑧〔俶（chù）尔远逝〕忽然间向远处游去。俶尔，忽然。

⑨〔翕（xī）忽〕轻快敏捷的样子。

⑩〔斗折蛇行，明灭可见〕（溪水）像北斗星那样曲折，像蛇那样蜿蜒前行，时隐时现。

⑪〔犬牙差（cī）互〕像狗的牙齿那样交错不齐。

⑫〔凄神寒骨〕感到心情凄凉，寒气透骨。

⑬〔悄（qiǎo）怆幽邃（suì）〕幽静深远，弥漫着忧伤的气息。悄怆，忧伤。邃，深。

⑭〔清〕凄清。

⑮〔吴武陵〕作者的朋友，当时也被贬到永州。

⑯〔龚古〕作者的朋友。

⑰〔宗玄〕作者的堂弟。

⑱〔隶而从〕跟随着同去。

⑲〔二小生〕两个年轻人。

变化。试做具体分析。

（3）小石潭给你留下的最深刻的印象是什么？如果你也坐在小石潭边，会有怎样的感受？试用几个词或一两句话，把你的感受表达出来。

2. 积累拓展

（1）解释下列加点的词。

① 从小丘西行百二十步。

② 斗折蛇行，明灭可见。

③ 其岸势犬牙差互。

④ 凄神寒骨。

（2）柳宗元的山水游记上承郦道元《水经注》的成就，而又有突破性的发展。明代文学家茅坤说："夫古之善记山川，莫如柳子厚。"课外阅读"永州八记"中的其他作品，如《始得西山宴游记》《钴鉧潭西小丘记》等，体会柳宗元山水游记的特色。也可以阅读后世的游记作品，如袁宏道的《满井游记》、袁枚的《峡江寺飞泉亭记》、姚鼐的《登泰山记》等，体会其与柳宗元文章风格的不同之处。

《小石潭记》教学感悟

“以字为单位，字字落实，句句清楚”的理念在文言文教学中一直束缚着学生，导致许多学生对文言文产生了畏惧情绪，为打破文言文教学中的这种理念，我在教学《小石潭记》一文时尝试进行情境教学。

《小石潭记》是一篇充满诗情画意的山水游记，作者描绘小石潭的石、水、游鱼、树木，着力渲染了凄寒幽邃的气氛，借景来抒发自己在贬居生活中悲凉凄苦的情感。像这样语言优美，脍炙人口的名篇佳作能够激起学生对古典文学的爱好，陶冶他们的审美情操。于是我决定教学本文时以情感人，重点体会文章写景抒情的方法。于是我以导游的身份，以课后练习一“发现石潭—潭中景物—小潭的源流—潭中的气氛”为线索，引导学生和我一同游览小石潭。

课前我先让学生结合文本注解自行预习，并将提前准备好的课件，让学生观看。课堂上我激情满怀，联系作者的身世遭遇畅谈“乐”和“忧”的心态变化，引导学生从“动与静”“音形色”“景与情”等角度去解读课文，欣赏作者高超的写景艺术。讲的时候自我感觉非常良好，学生也听得津津有味，非常投入。我还精心设计了拓展延伸练习：当地政府要把小石潭所在地开发成旅游景区，如果请你作为设计师来设计景点，你会怎样设计？学生创新思维的火花被点亮了：“幽竹阁”“玉佩泉”“翠蔓廊”“观鱼台”“望溪亭”……争先恐后地发言，掀起了课堂教学的高潮。

可是第二天早读，我却发现学生断句不准，朗读尚成问题，更不用说背诵了。对一些字词理解也有误，虽然进行了补救，但教学效果很不理想。反思良久，明白了我的失误在于：

第一，没有从学生的实际情况出发，他们基础薄弱，且缺乏良好的自学习惯。

第二，忽视了文言文教学诵读这个基本环节，导致学生基础知识掌握不牢和基本能力训练方面缺失，丢掉了最基本的“抓手”。

现代人总会对文言形式的语言感到遥远而且陌生，这首先从心理上加大了现代中学生对文言字、词、句式和常用语法理解的难度。我们要学习文言文，首先就必须越过这个障碍。这个“越过”绝不是“跨过”，而是“穿过”。也就是说，我们必须通过认知和理解的方式来实现。这就要求我们从培养语感入手，增强学生对文言语言的感受能力。理解字面意义是前提，决不能忽略这个前提。因此在教学中我们首先应该指导学生借助注释和工具书，理解词义，读懂文章内容，养成初步的文言语感。其次，我们应该在教学中激发学生的阅读兴趣，指导学生阅读方法，培养学生的阅读习惯，使其形成诵读能力。

由此我也明白了文言文教学决不能忽视文言字、词、句式和常用语法理解，必须重视培养语感，增强学生对文言语言的感受能力。只有学生真正读懂了课文，才能在学习《小石潭记》这样富有情韵，语言优美的作品时，积极主动地去思考，去想象，才会在脑海里呈现山水的本真、性灵，才会透过语言文字看到活泼的绿色，感受到作者笔下那个空灵、静谧，甚至有几分神秘的小石潭景色，从而更好地体会作者的心境。

《骆驼祥子》教学设计

一、教学内容

部编版语文七年级下册第三单元名著导读。（《骆驼祥子》第3课时）

二、教学目标

（1）梳理作者、作品相关资料，理清作品的主要故事情节。

（2）理解主要人物（祥子）的形象。（教学难点）

（3）用思维导图整合显示小说章节的内容。（教学重点）

（4）品析“京味儿”的艺术特色。

三、教学目标确定依据

现在大多数初中生能在手机里愉快地畅游，而面对现实的书本，他们很多时候都不能静下心来认认真真地读一会儿书，加上当下碎片化阅读的时代，很多学生都习惯丢弃书本，在电子海洋里遨游。因此，这导致了很多学生阅读缺乏思考，浅阅读盛行。怎样做才能引导学生静下心阅读整本书，回归理性阅读呢？本次名著导读我分3个课时完成教学，重点为阅读方法指导，为他们以后的阅读课做好准备。前两课时，我教给了学生小说“三要素”的知识、“圈点与批注”的学习方法、“思维导图”分析法，第3课时作为成果展示课。首先检阅学生对作者、作品相关资料的掌握程度以及小说“三起三落”线索的掌握程度；其次，在学生理清作品主要故事情节之后，用一些阅读方法来理解主要人物的形象；再次，老舍先生的作品大都取材于北京市民生活，所描写的自然风光、世态人情、习俗时尚，运用的市民口语，都呈现出浓郁的“京味儿”，品析作品浓郁的“京味儿”也就成了这节课的教学目标；最后，重点检查学生能否在大局上运用思维导图的方法来整合显示小说章节的内容，以及他们收获了什么。以后阅读名著，怎么阅读才能让学生有理性的阅读方式，使他们主动阅读并且留下深刻的印象?

四、教学活动基本流程

《骆驼祥子》名著导读课教学流程

（1）激情导入	抢答作者相关知识。
（2）正课教学	①读题目。读写作背景、读人物、读故事、读语言。 ②画出第四章的思维导图。
（3）总结	①读书方法、心得体会。 ②作品思想内容升华。
（4）布置作业	①推荐阅读两部课外名著作品。 ②给祥子写小传。

五、教学活动具体安排

1. 激趣导入

抢答作者相关知识。

2. 正课教学

（1）读题目。教师示范用思维导图显示题目的含义（主人公、主要情节、主人公性格）。

（2）读写作背景。学生用“圈点批注”法整理背景内容，用思维导图显示整理的内容。

（3）读人物。检查上节课留下的“一人一事一性格”的思维导图作业。

（4）读故事。以祥子“三起三落”来看祥子前后性格的变化。学生用“圈点批注”法在开头和结尾处找出祥子的性格特点，比较祥子性格特点发生了什么变化。

（5）读语言。让学生找出小说当中体现“京味儿”的地方方言，品析它们的妙处，注意学生是否用到“圈点批注”法。

（6）以小说第四章为例，画出这一章节中故事内容的思维导图。运用思维导图的方法来整合显示小说章节的内容，关注读书收获，培养理性的阅读方式。

3. 总结

本次读书方法小结，作品思想内容升华。

4. 布置作业

（1）课后推荐学生阅读《红岩》《创业史》这两部小说。

（2）请根据作品的内容，写一篇祥子的小传，完整地勾勒出祥子的经历。（可以从人物性格、人物命运、祥子的爱情婚姻等方面写起。写文章时，可先画好思维导图。）

六、预设问题

在第二个环节中，通过活动交流，确认学生基本能从“题目”思维导图、“背景”思维导图和“一人一事一性格”等这些小思维导图中构思整体的思维模式时，对学生理性阅读方式及思维导图阅读方法提出更高的要求，（要求学生分析一个完整章节的内容，对阅读量较多的内容通过画的思维导图体现阅读内容及体会）。

七、预设问题讲解概要

基于第一环节中学生或多或少对思维导图分析法有了个概念，他们或许有了想展示拳脚的冲动：看看自己能不能在一个比较大的范围中，整理出有条理的内容来。这个时候，以小说第四章的内容为范围，我首先用小说“三要素”的知识来提示学生注意章节中出现的“三要素”，学生就会在章节中找出相关的内容。接着，我提示学生概括这个章节的主要内容，并且提炼出主要内容的关键词，于是有了“祥子绰号的由来”的中心语。最后，把这个中心语放在“三要素”之间，用不同颜色的线条装饰，一副比较大的思维导图就形成了。

附：

骆驼祥子

第四章

祥子在海甸的一家小店里躺了三天，身上忽冷忽热，心中迷迷忽忽，牙床上起了一溜紫泡，只想喝水，不想吃什么。饿了三天，火气降下去，身上软得象皮糖似的。恐怕就是在这三天里，他与三匹骆驼的关系由梦话或胡话中被人家听了去。一清醒过来，他已经是“骆驼祥子”了。

自从一到城里来，他就是“祥子”，仿佛根本没有个姓；如今，“骆驼”摆在“祥子”之上，就更没有人关心他到底姓什么了。有姓无姓，他自己也并不在乎。不过，三条牲口换了那么几块钱，而自己倒落了个外号，他觉得有点不大上算。

刚能挣扎着立起来，他想出去看看。没想到自己的腿能会这样的不吃力，走到小店门口他一软就坐在了地上，昏昏沉沉的坐了好大半天，头上见了凉汗。又忍了一会儿，他睁开了眼，肚中响了一阵，觉出点饿来。极慢的立起来，找到了个馄饨挑儿。要了碗馄饨，他仍然坐在地上。呷了口汤，觉得恶心，在口中含了半天，勉强的咽下去；不想再喝。可是，待了一会儿，热汤象股线似的一直通到腹部，打了两个响嗝。

他知道自己又有了命。

肚中有了点食，他顾得看看自己了。身上瘦了许多，那条破裤已经脏得不能再脏。他懒得动，可是要马上恢复他的干净利落，他不肯就这么神头鬼脸的进城去。不过，要干净利落就得花钱，剃剃头，换换衣服，买鞋袜，都要钱。手中的三十五元钱应当一个不动，连一个不动还离买车的数儿很远呢！可是，他可怜了自己。虽然被兵们拉去不多的日子，到现在一想，一切都像个噩梦。这个噩梦使他老了许多，好象他忽然的一气增多了好几岁。看着自己的大手大脚，明明是自己的，可是又象忽然由什么地方找到的。他非常的难过。他不敢想过去的那些委屈与危险，虽然不去想，可依然的存在，就好象连阴天的时候，不去看天也知道天是黑的。他觉得自己的身体是特别的可爱，不应当再太自苦了。他立起来，明知道身上还很软，可是刻不容缓的想去打扮打扮，仿佛只要剃剃头，换件衣服，他就能立刻强壮起来似的。

打扮好了，一共才花了两块二毛钱。近似搪布的一身本色粗布裤褂一元，青布鞋八毛，线披儿织成的袜子一毛五，还有顶二毛五的草帽。脱下来的破东西换了两包火柴。

拿着两包火柴，顺着大道他往西直门走。没走出多远，他就觉出软弱疲乏来了。可是他咬上了牙。他不能坐车，从哪方面看也不能坐车：一个乡下人拿十里八里还能当作道儿吗，况且自己是拉车的。这且不提，以自己的身量力气而被这小小的一点病拿住，笑话；除非一交栽倒，再也爬不起来，他满地滚也得滚进城去，决不服软！今天要是走不进城去，他想，祥子便算完了；他只相信自己的身体，不管有什么病！

晃晃悠悠的他放开了步。走出海甸不远，他眼前起了金星。扶着棵柳树，他定了半天神，天旋地转的闹慌了会儿，他始终没肯坐下。天地的旋转慢慢的平静起来，他的心好似由老远的又落到自己的心口中，擦擦头上的汗，他又迈开了步。已经剃了头，已经换上新衣新鞋，他以为这就十分对得起自己了；那么，腿得尽它的责任，走！一气他走到了关厢。看见了人马的忙乱，听见了复杂刺耳的声音，闻见了干臭的味道，踏上了细软污浊的灰土，祥子想爬下去吻一吻那个灰臭的地，可爱的地，生长洋钱的地！没有父母兄弟，没有本家亲戚，他的唯一的朋友是这座古城。这座城给了他一切，就是在这里饿着也比乡下可爱，这里有的看有的听，到处是光色，到处是声音；自己只要卖力气，这里还有数不清的钱，吃不尽穿不完的万样好东西。在这里，要饭也能要到荤汤腊水的，乡下只有棒子面。才到高亮桥西边，他坐在河岸上，落了几点热泪！

太阳平西了，河上的老柳歪歪着，梢头挂着点金光。河里没有多少水，可是长着不少的绿藻，像一条油腻的长绿的带子，窄长，深绿，发出些微腥的潮味。河岸北的麦子已吐了芒，矮小枯干，叶上落了一层灰土。河南的荷塘的绿叶细小无力的浮在水面上，叶子左右时时冒起些细碎的小水泡。东边的桥上，来往的人与车过来过去，在斜阳中特别显着匆忙，仿佛都感到暮色将近的一种不安。这些，在祥子的眼中耳中都非常的有趣与可爱。只有这样的小河仿佛才能算是河；这样的树，麦子，荷叶，桥梁，才能算是树，麦子，荷叶，与桥梁。因为它们都属于北平。

坐在那里，他不忙了。眼前的一切都是熟习的，可爱的，就是坐着死去，他仿佛也很乐意。歇了老大半天，他到桥头吃了碗老豆腐：醋，酱油，花椒油，韭菜末，被热的雪白的豆腐一烫，发出点顶香美的味儿，香得使祥子要闭住气；捧着碗，看着那深绿的韭菜末儿，他的手不住的哆嗦。吃了一口，豆腐把身里烫开一条路；他自己下手又加了两小勺辣椒油。一碗吃完，他的汗已湿透了裤腰。半闭着眼，把碗递出去："再来一碗！"

站起来，他觉出他又像个人了。太阳还在西边的最低处，河水被晚霞照得有些微红，他痛快得要喊叫出来。摸了摸脸上那块平滑的疤，摸了摸袋中的钱，又看了一眼角楼上的阳光，他硬把病忘了，把一切都忘了，好似有点什么心愿，他决定走进城去。

城门洞里挤着各样的车，各样的人，谁也不敢快走，谁可都想快快过去，鞭声，喊声，骂声，喇叭声，铃声，笑声，都被门洞儿——象一架扩音机似的——嗡嗡的联成一片，仿佛人人都发着点声音，都嗡嗡的响。祥子的大脚东插一步，西跨一步，两手左右的拨落，象条瘦长的大鱼，随浪欢跃那样，挤进了城。一眼便看到新街口，道路是那么宽，那么直，他的眼发了光，和东边的屋顶上的反光一样亮。他点了点头。

他的铺盖还在西安门大街人和车厂呢，自然他想奔那里去。因为没有家小，他一向是住在车厂里，虽然并不永远拉厂子里的车。人和的老板刘四爷是已快七十岁的人了；人老，心可不老实。年轻的时候他当过库兵，设过赌场，买卖过人口，放过阎王账。干这些营生所应有的资格与本领——力气，心路，手段，交际，字号等等——刘四爷都有。在前清的时候，打过群架，抢过良家妇女，跪过铁索。跪上铁索，刘四并没皱一皱眉，没说一个饶命。官司教他硬挺了过来，这叫作“字号”。出了狱，恰巧入了民国，巡警的势力越来越大，刘四爷看出地面上的英雄已成了过去的事儿，即使黄天霸再世也不会有多少机会了。他开了个洋车厂子。土混混出身，他晓得怎样对付穷人，什么时候该紧一把儿，哪里该松一步儿，他有善于调动的天才。车夫们没有敢跟他耍骨头的。他一瞪眼，和他哈哈一笑，能把人弄得迷迷忽忽的，仿佛一脚登在天堂，一脚登在地狱，只好听他摆弄。到现在，他有六十多辆车，至坏的也是七八成新的，他不存破车。车租，他的比别家的大，可是到三节他比别家多放着两天的份儿。人和厂有地方住，拉他的车的光棍儿，都可以白住——可是得交上车份儿，交不上账而和他苦腻的，他扣下铺盖，把人当个破水壶似的扔出门外。大家若是有个急事急病，只须告诉他一声，他不含忽，水里火里他都热心的帮忙，这叫作“字号”。

刘四爷是虎相。快七十了，腰板不弯，拿起腿还走个十里二十里的。两只大圆眼，大鼻头，方嘴，一对大虎牙，一张口就象个老虎。个子几乎与祥子一边儿高，头剃得很亮，没留胡子。他自居老虎，可惜没有儿子，只有个三十七八岁的虎女——知道刘四爷的就必也知道虎妞。她也长得虎头虎脑，因此吓住了男人，帮助父亲办事是把好手，可是没人敢娶她做太太。她什么都和男人一样，连骂人也有男人的爽快，有时候更多一些花样。刘四爷打外，虎妞打内，父女把人和车厂治理得铁筒一般。人和厂成了洋车界的权威，刘家父女的办法常常在车夫与车主的口上，如读书人的引经据典。

在买上自己的车以前，祥子拉过人和厂的车。他的积蓄就交给刘四爷给存着。把钱凑够了数，他要过来，买上了那辆新车。

“刘四爷，看看我的车！”祥子把新车拉到人和厂去。老头子看了车一眼，点了点头：“不离！”

“我可还得在这儿住，多咱我拉上包月，才去住宅门！”祥子颇自傲的说。

“行！”刘四爷又点了点头。

于是，祥子找到了包月，就去住宅门；掉了事而又去拉散座，便住在人和厂。

不拉刘四爷的车，而能住在人和厂，据别的车夫看，是件少有的事。因此，甚至有人猜测，祥子必和刘老头子是亲戚；更有人说，刘老头子大概是看上了祥子，而想给虎妞弄个招门纳婿的“小人”。这种猜想里虽然怀着点妒羡，可是万一要真是这么回事呢，将来刘四爷一死，人和厂就一定归了祥子。这个，教他们只敢胡猜，而不敢在祥子面前说什么不受听的。其实呢，刘老头子的优待祥子是另有笔账儿。祥子是这样的一个人：在新的环境里还能保持着旧的习惯。假若他去当了兵，他决不会一穿上那套虎皮，马上就不傻装傻的去欺侮人。在车厂子里，他不闲着，把汗一落下去，他就找点事儿做。他去擦车，打气，晒雨布，抹油……用不着谁指使，他自己愿意干，干得高高兴兴，仿佛是一种极好的娱乐。

厂子里靠常总住着二十来个车夫；收了车，大家不是坐着闲谈，便是蒙头大睡；祥子，只有祥子的手不闲着。初上来，大家以为他是向刘四爷献殷勤，狗事巴结人；过了几天，他们看出来他一点没有卖好讨俏的意思，他是那么真诚自然，也就无话可说了。刘老头子没有夸奖过他一句，没有格外多看过他一眼；老头子心里有数儿。他晓得祥子是把好手，即使不拉他的车，他也还愿意祥子在厂子里。有祥子在这儿，先不提别的，院子与门口永远扫得干干净净。虎妞更喜欢这个傻大个儿，她说什么，祥子老用心听着，不和她争辩；别的车夫，因为受尽苦楚，说话总是横着来；她一点不怕他们，可是也不愿多搭理他们；她的话，所以，都留给祥子听。当祥子去拉包月的时候，刘家父女都仿佛失去一个朋友。赶到他一回来，连老头子骂人也似乎更痛快而慈善一些。

祥子拿着两包火柴，进了人和厂。天还没黑，刘家父女正在吃晚饭。看见他进来，虎妞把筷子放下了：“祥子！你让狼叼了去，还是上非洲挖金矿去了？”“哼！”祥子没说出什么来。

刘四爷的大圆眼在祥子身上绕了绕，什么也没说。祥子戴着新草帽，坐在他们对面。

“你要是还没吃了的话，一块儿吧！”虎妞仿佛是招待个好朋友。

祥子没动，心中忽然感觉到一点说不出来的亲热。一向他拿人和厂当做家：拉包月，主人常换；拉散座，座儿一会儿一改，只有这里老让他住，老有人跟他说些闲话儿。现在刚逃出命来，又回到熟人这里来，还让他吃饭，他几乎要怀疑他们是否要欺弄他，可是也几乎落下泪来。

“刚吃了两碗老豆腐！”他表示出一点礼让。

“你干什么去了？”刘四爷的大圆眼还盯着祥子。“车呢？”“车？”祥子啐了口吐沫。

“过来先吃碗饭！毒不死你！两碗老豆腐管什么事？！”虎妞一把将他扯过去，好象老嫂子疼爱小叔那样。祥子没去端碗，先把钱掏了出来：“四爷，先给我拿着，三十块。”把点零钱又放在衣袋里。

刘四爷用眉毛梢儿问了句，“哪儿来的？”

祥子一边吃，一边把被兵拉去的事说了一遍。

“哼，你这个傻小子！”刘四爷听完，摇了摇头。“拉进城来，卖给汤锅，也值十几多块一头；要是冬天驼毛齐全的时候，三匹得卖六十块！”

祥子早就有点后悔，一听这个，更难过了。可是，继而一想，把三只活活的牲口卖给汤锅去挨刀，有点缺德；他和骆驼都是逃出来的，就都该活着。什么也没说，他心中平静了下去。

虎姑娘把家伙撤下去，刘四爷仰着头似乎是想起点来什么。忽然一笑，露出两个越老越结实的虎牙：“傻子，你说病在了海甸？为什么不由黄村大道一直回来？”

“还是绕西山回来的，怕走大道教人追上，万一村子里的人想过味儿来，还拿我当逃兵呢！”

刘四爷笑了笑，眼球往心里转了两转。他怕祥子的话有鬼病，万一那三十块钱是抢了来的呢，他不便代人存着赃物。

他自己年轻的时候，什么不法的事儿也干过；现在，他自居是改邪归正，不能不小心，而且知道怎样的小心。祥子的叙述只有这么个缝子，可是祥子一点没发毛咕的解释开，老头子放了心。

“怎么办呢？”老头子指着那些钱说。

“听你的！”

“再买辆车？”老头子又露出虎牙，似乎是说：“自己买上车，还白住我的地方？！”

“不够！买就得买新的！”祥子没看刘四爷的牙，只顾得看自己的心。

“借给你？一分利，别人借是二分五！”

祥子摇了摇头。

“跟车铺打印子，还不如给我一分利呢！”

“我也不打印子，”祥子出着神说：“我慢慢的省，够了数，现钱买现货！”

老头子看着祥子，好象是看着个什么奇怪的字似的，可恶，而没法儿生气。待了会儿，他把钱拿起来：“三十？别打马虎眼！”

“没错！”祥子立起来：“睡觉去。送给你老人家一包洋火！”他放在桌子上一包火柴，又楞了楞：“不用对别人说，骆驼的事！”

《骆驼祥子》教学设计评析

新课标明确指出阅读的重要性并提出了各年级阅读的要求和数量，在每本教材的最后都设有“名著导读”板块。该板块对古今中外的优秀作品做简要介绍，并对精彩片段进行精评细点，启发学生走进名著，汲取精神养料。

本节课为《骆驼祥子》的名著导读课，从小说本身而言《骆驼祥子》是长篇小说，从课型而言它是导读课，教学课时一般为1课时，如何在1课时内完成导读任务对教师是一个考验。

首先，教师非常注重阅读技法的传授，课前安排了两个课时讲解“圈点与批注”的学习方法、思维导图分析法。

其次，教师巧妙地利用课前课后的时间进行了课前初探，课后延伸，课前在阅读方法的指导下完成关于小说基本知识点的梳理，课中教学展示的内容非常丰富，包括读题目、读写作背景、读人物、读故事、读语言，最后还运用思维导图的方法来整合显示小说章节的内容，关注读书收获，培养理性的阅读方式。课后布置了两项作业：①阅读《红岩》《创业史》这两部小说；②请根据作品的内容，写一篇祥子的小传，完整地勾勒出祥子的经历。适当地利用课后时间延伸了课堂的内容，名著导读课的目的是让学生走进名著。要达到这一目的，仅凭一节导读课是不够的。要定期安排阅读任务，让学生课前初探，走入名著；聆听导读课后，带着对作品的深入理解，再次走入名著深入阅读，体悟其文、其情、其意。这样才能达到最佳效果。

作为“名著导读”课，教师所讲内容要精选，以期达到以点带面，触类旁通的目的。在短短45分钟的时间内想告诉学生太多，只能蜻蜓点水，效果不佳。不如抓一条线，抓一个人物，关注几个章节来处理，引导学生深入思考，触动学生情感，激发他们的阅读欲望。本节课重点突出，思路清晰，选择了《骆驼祥子》某一章节进行导读，在阅读方法的指导下，完成了人物、故事和语言的赏析。

作为“名著导读”课，教学目标一定要明确，那就是：引领学生走进名著，走进书的海洋，享受阅读的快乐，从而达到开启心智，陶冶情操的目的，让书成为他们终身的伴侣。本节课收放自如，教师重点讲述的是方法和背景，接着把文本交还给学生，先让学生自己走进小说，教师再加以点拨和引导。

《时评写作》教学设计

——审辩式思维的力量

一、教学内容

粤教版高中语文选修12《常用文体写作》第二单元第1课《时评》。

本课为《普通高中语文课程标准》学习任务群6“思辨性阅读与表达”（27课时）中的1课时，完成进行1次专题辩论，写作1篇。

二、教学目标

（1）理解审辩式思维方法。

（2）运用审辩式思维，由单向、肤浅思考向多维、深入思考转变。（教学重点）

（3）通过审辩式思维进行写作训练，深化写作立意。（教学难点）

三、教学目标确定依据

（1）目标1是基于《普通高中语文新课程标准（2017年版）》语文核心素养。思维发展与提升是语文核心素养的形成标志，其最高层次是“审辩与发现”，审辩式思维就是培养学生思维品质的最佳途径，审辩式思维是一种通过理性得出合理结论的过程。

（2）目标2是基于《中国学生发展核心素养》。科学精神是中国学生发展核心素养之一，科学精神具体包括理性思维、批判质疑、勇于探究等基本要点，它的形成标志是学生能运用科学的思维方式认识事物、解决问题、指导行为，运用审辩式思维能把单向、肤浅思考转为多维、深入思考，让学生看待问题更全面、严谨，从而满足培养科学精神的需求。

（3）目标3是基于考试评价与学情。《高考作文评分标准》“发展等级”部分明确提出“立意深刻”的要求，即选拔具有逻辑思维素养、批判思维能力和创新能力的考生。高三考生已经基本掌握议论文写作模式，但却缺少对作文题目以及个人观点的审视精神，草草下结论，因此普遍存在观点片面、立意较浅的问题。运用审辩式思维进行写作，能有效解决立意较浅的问题，满足考试评价中对“立意深刻”的要求。

四、教学活动基本流程

课前预习 → 阅读时评 → 示范与模仿审辩 → 辩论与写作

教学流程图

课前预习

阅读时评《谁该为网瘾悲剧负责》，思考：

（1）作者认为谁该为网瘾悲剧负责？

（2）文章主要讨论了谁的责任？

设计意图：通过课前阅读，让学生思考问题，对文章写作思路进行梳理，能提高学生的自主阅读能力，同时也为课堂教学做好充分准备。

活动一：阅读时评——什么是审辩式思维

（1）检查预习成果，文中涉及该为网瘾悲剧负责的对象有消费者、网游公司、政府。主要讨论网游公司的责任。通过提问达到梳理文意的目的。

（2）学生进一步思考：作者是如何论证网游公司是否该为网瘾悲剧负责的？他评判的依据是什么？

明确：网游公司应该为网瘾悲剧承担一定责任，主要依据如下：

依据事实一：由“法律上没有界定网游公司是网瘾的责任主体”得出推论：网游公司不违法。

依据事实二：由“社会责任明确经营者要考虑关系人的利益”得出推论：需承担社会责任。

由以上推论过程得出判断：网游公司应该为网瘾悲剧承担一定责任。

总结：审辩式思维是一种通过理性分析得出合理结论的过程。思维过程如下：①寻找相关事实；②进行合乎事实的推论；③得出严谨、缜密的判断。

设计意图：通过师生共同阅读，让学生感受审辩式思维的特点，并引导学生概括定义，由此实现理解审辩式思维的目标。

活动二：示范与模仿审辩——如何使用审辩式思维

（1）教师以“己所不欲，勿施于人”为例进行思维引导。

（2）学生以“苦难是人生的一笔财富”为题进行模仿审辩。

设计意图：通过教师示范，学生更直观地认识思维方式；通过模仿，学生在实践中掌握思维方法。在一教一学的过程中，让学生学会运用审辩式思维，变单向、肤浅思考为多维、深入思考。

活动三：辩论与写作——链接时事，学以致用

（1）班级小辩论。

论题：抖音是否毒害青少年一代？

形式：班级小辩论，小组合作。

完成任务：教师把学生分为认同和反对两方，小组按分配角度寻找事实依据，并进行合乎事实的推论。

（2）写作训练。以上述材料为题，通过审辩式思维完成150字短评写作。

设计意图：训练学生的思维能力、口头表达能力和书面表达能力，把审辩式思维与时评写作相结合，深化写作立意。

五、预设问题

在学生已经理解了审辩式思维特点的基础上，引导学生进行审辩式思维训练，我在活动二中提出以下问题：

问题1：“己所不欲，勿施于人”在什么条件下能成立？

问题2：“己所不欲，勿施于人”在什么条件下不能成立？

六、预设问题讲解概要

讲解1：“己所不欲，勿施于人”和中国民间常说的将心比心，设身处地为别人想等，指的都是一个意思，当自己喜恶与他人喜恶一致时，此观点成立。

讲解2：当自己喜恶与他人喜恶不一致时，如你不能吃辣而有人却嗜辣如命，此观点不成立。

总结：是否施于人，立足点不应在自己的喜恶，而应该尊重他人的喜恶。

面对着这个严酷的政治现实，我国人民就绝不能不加以特别警惕了。

七、思考·探究

德国和日本这两个国家对反省战争的态度之所以截然不同，原因乃在于战后德国是在彻底清除纳粹势力的基础上重建的；而日本，由于美国的包庇，许多战前领导人在战后依然作为统治阶层而继续存在。你想，要他们用今天的自己反对过去的自己，谈何容易啊！

（1）这篇时评针对何事展开评论？你认为这篇时评的由头有哪些特色？

（2）这篇时评认为“日本应拜德国为师”的理由是什么？作者是怎样为自己的评判写出分析和理由的？

附：

谁该为网瘾悲剧负责[①]

钟 凯

近日，“保护网瘾少年成都行专家报告会”在成都举行。担任中国经济导报社网瘾防治中心主任的张春良透露，目前他已获得了全国20多个家庭、63位网瘾少年家长的授权，下一步，他们将针对整个网络游戏产业进行一场集体公益诉讼。

近年来，因玩网络游戏引发的悲剧事件层出不穷。在国内首起因沉迷网游自杀引发的维权官司被当地法院裁定不予受理而搁浅后，“网瘾专家”张春良以公益名义再次采取维权行动，并获得了舆论的广泛关注，表明青少年沉迷网络游戏问题已经引起社会日益强烈的担忧。

经验告诉我们，网络游戏是一种可以成瘾的消费产品，研究也表明，人类大脑在某些行为的刺激下也会产生类似于药物依赖性的成瘾反应。人一旦行为成瘾，就会表现为一系列的强迫行为或精神效应，由此导致意志力的失控，可能做出一些不利于自我、他人或社会的行为。追根溯源，网游开发商在公众眼

① 选自2005年11月22日《南方日报》。

里无疑是麻烦的制造者。面对千夫所指，或许网游开发商会感到万分委屈：网游与成瘾难道有必然联系么？关键原因在于个人自制力。

这样的辩解不能说一点道理都没有。至少在法律上，责任的承担是以违反法律义务为前提的，而法律义务的设定原则之一就是排除最大或然性侵害，也就是说义务所要排除的行为必须是普遍情形下可能导致的侵害。一个人吸食毒品必然导致上瘾，并且必然损害其健康，因此立法禁毒是合理的；但如果认为网络游戏可能使人成瘾便禁止整个产业，就是不合理的义务，因为除了网游，彩票、性行为、购物甚至饮食都有成瘾的可能，而且目前没有确切证据表明网络游戏可能带来损害的概率超出社会可以接受的程度。

不过，事情远非如此简单。自从社会本位理论在世界范围内兴起，经济主体仅以最大限度地赚钱作为唯一存在目的已经不被认可，企业社会责任概念应运而生，这意味着商业主体还应最大限度考虑其他利害关系人的利益，包括职工利益、消费者利益、债权人利益及整个社会公共利益。新的《中华人民共和国公司法》第五条对此已予以确认。当然，这样的规定往往只具有价值导向功能，或者说仅仅作为一种宣示性的伦理责任。在具体、刚性的法律责任层面上，公司或企业的社会责任主要由法律具体义务条款所体现。

对于网游开发商来说，切实维护消费者的合法权益就是其社会义务之一。按照《中华人民共和国消费者权益保护法》规定，商家应当向消费者忠实地履行告知义务，对其产品的性质、内容及其可能带来的负面效果作出充分的说明，让对方在充分了解产品信息的前提下选择消费。同时，作为一名诚实的经营者，应当充分认识到未成年人这一特殊群体的特点，他们通常没有足够的道德和自制能力为自己的行为选择负责，因此对于那些可能影响未成年人身心健康的游戏产品，商家应尽最大限度的保护义务，避免未成年人与之接触。当然，法律在这方面尚属空白，但是，诚信原则作为司法领域的帝王条款，保护义务乃其应有之义，违反它则可能因此承担一定的法律责任。

至此，责任的划分也许并未结束。在商家、消费者、社会多方主体利益纠缠的相互博弈当中，我们这个社会最大的权力实体政府却似乎于此缺席。如前所言，在防止网络游戏对未成年人的不当影响方面，法律缺乏规范。但法律往往是滞后的，面对变动的社会生活，保护弱势群体权益、平衡各方利益始终是政府不可推卸的责任。因此，面对层出不穷的网瘾悲剧，即使不属于渎职，起码在道义上政府恐怕也难辞其咎。

其实，在网络游戏监管方面，政府可以做的工作有很多，例如，建立对游戏表现内容的合法性和公序良俗审查制度：目前对国外进口游戏产品的内容审查制度已经初步建立，但对其审查范围和程序应进一步完善；在坚持审查制度的同时，推出更严格、更具强制性的游戏分级标准；禁止向未成年人提供分属特殊等级的游戏产品，也使未成年人及家长在选择游戏产品时更有针对性；规范游戏销售渠道，防止未成年人在家长不知情的情况下获得游戏的资讯。

总而言之，人们对待网络游戏的心态可谓爱恨交加，在它为繁荣经济作出贡献的同时，也导致了千万个深陷其中不能自拔的“网游迷”。也许任何事物都有其两面性，对于网络游戏的危害不宜过分夸大，关键在于如何合理地疏导，避免拿青少年的未来支撑这个产业的繁荣，让网瘾悲剧不再重蹈。

思考·探究：

（1）作者认为谁该为网瘾悲剧负责？作者评判的理由是什么？

（2）以这篇时评为例，具体说说时评的文体特征。

同窗之作：

惊闻头发太长德育要扣分

报载，有学校规定，女学生不能留长发，男生只能理平头。在每月一次的全校仪表大检查中，该校有学生为了躲避检查而请病假，有的因为头发不合格被要求去剪短了才准回教室上课。老师还告诉他们说，屡教不改者，还有德育扣分的危险。

中国自古就重视头发问题，把头发看成大节，不是小节。所谓发肤受之父母，不敢毁伤。所谓留发不留头，留头不留发。鲁迅先生写过多篇文章，讨论头发的问题，我读过鲁迅先生的一篇小说《风波》，说的是七斤进城被人剪了辫子，赵七爷威胁他们说：皇帝要坐龙庭了，没有辫子，该当何罪！我读的时候就想，没有辫子就有很大的罪吗？好在后来皇帝不坐龙庭了，七斤才没有事了。

《时评写作》教学设计评析

本节课的教学内容是粤教版高中语文选修12《常用文体写作》第二单元第1课《时评》，结合了《普通高中语文课程标准》学习任务群6“思辨性阅读与表达”来进行教学。《审辩式思维的力量——时评写作指导》一课的教学设计，把审辩式思维的思维方式引入时评写作中，使得审辩式思维有了外化的写作任务，也抓住了时评写作的核心要点，让时评写作有章可循。

本节课的教学流程大概分成四个步骤：课前预习、阅读时评、示范与模仿审辩、辩论与写作预习。整个教学流程步骤流畅，角度多样，层层深入，使得审辩式思维外化成活动，揭示了时评写作的思维本质。

课前预习，让学生阅读时评《谁该为网瘾悲剧负责》，并思考两个问题：①作者认为谁该为网瘾悲剧负责？②文章主要讨论了谁的责任？两个问题设计恰到好处。两个问题不会太多也不会太少，而且问题是为审辩式思维的感性认识做铺垫。通过课前阅读，让学生思考问题，对文章写作思路进行梳理，能提高学生的自主阅读能力，同时也为课堂教学做好充分准备。

活动一通过让学生阅读和分析时评让学生感受什么是审辩式思维，并得出结论，审辩式思维是一种通过理性思维得到合理结论的过程，思维过程如下：①寻找相关事实；②进行合乎事实的推论；③得出严谨、缜密的判断。这一活动既能放出去，让学生充分思考获得感性认识，又能收得回，让感性认识上升为理性认识，让学生在时评写作中有章可循。

活动二“示范与模仿审辩——如何使用审辩式思维”是小试牛刀。在活动一中通过阅读和思考，学生感受到了审辩式思维的力量，并且通过提炼和总结得出在时评写作中如何运用审辩式思维的方法和步骤。从学生的学情来看，此时学生应该是跃跃欲试，此环节设计非常合时宜，并恰到好处。在活动实施过程中，教师以“己所不欲，勿施于人”为例进行思维引导，学生以“苦难是人生的一笔财富”为题进行模仿审辩。通过教师示范，学生学会运用审辩式思维，变单向、肤浅思考为多维、深入思考，教学效果明显。

活动三“辩论和写作”是审辩式思维的综合实践，与活动二相比形成了一定的梯度，辩论中选取“抖音是否毒害青少年一代”这一辩题，抓住当下的热点话题，贴近学生生活，让学生有话可说。先辩论后写作，辩论中擦出的思想火花为后面的写作奠定了基础。

总的来说，本节课能抓住教学的重点难点，较好地完成了教学任务。

《沁园春·长沙》教学设计

一、教学内容

粤教版语文必修2第二单元第4课。

二、教学目标

（1）通过学习革命传统作品，了解英雄事迹，感受爱国精神，体会革命情怀和革命人格。

（2）在读中学，读中思，读中悟，在朗读中体会词的音律特点和语言规律。

（3）掌握应用意象组合、色彩渲染、动静结合、宏观微观、远近变化等描绘画面的方法、技巧。（教学重点）

（4）了解毛泽东的英雄事迹，感受他深沉的爱国精神，体会他博大的革命情怀和崇高的革命人格，进而掌握知人论世的诗歌鉴赏方法。（教学重点）

（5）理解并传承本词中体现出的“自由、平等、爱国”的价值观，引导学生树立正确的世界观、人生观、价值观，提高道德修养，增强文化自信。（教学难点）

三、教学目标确定依据

（1）“中国革命传统作品研习”学习任务群中的教学目标。

（2）新课程标准语文学科核心素养教学目标：语言建构与运用、审美鉴赏与创造、思维发展与提升、文化传承与理解。

四、教学活动基本流程

（1）视频导入，激发兴趣。

（2）诵读成咏，感受音韵。

（3）图文对比，鉴赏写景。（鉴赏上阕）

（4）知人论世，感悟情志。（鉴赏下阕）

（5）以史观今，传承文化。（拓展提升）

五、教学活动具体安排

1. 导入新课，激发兴趣

课前，播放一段《湖南如此多娇》的视频，抛出“湖南出美景，也出伟人，当美景和伟人碰撞在一起，会激起怎样的火花呢？”的悬念，来激发学生的学习兴趣，进而引出课题《沁园春·长沙》。

2. 诵读成咏，感受音韵

整节课设计了四次朗读，分别是在导入新课后初读文本，让学生整体感知，订正字音；鉴赏完上阕后分段朗读一次，要求学生读出写景宏伟壮阔，层次分明的特点；鉴赏完下阕后分段朗读一次，要求学生读出慷慨激昂，雄壮豪迈的感觉；课程结束前朗诵一次，在全面理解本词内容、情感的基础上，声情并茂地朗诵，读出精气神，读出民族骄傲、文化自信。通过分阶段地朗读，来达成语文核心素养中培养语言建构与运用能力的目标。

3. 图文对比，鉴赏写景

欣赏绘画作品《独立寒秋图》，思考和讨论两个问题。第一个问题：请从内容的角度，对比分析《独立寒秋图》与《沁园春·长沙》各自的优劣。这里把学生分成两派，一派说绘画好，一派说文学好，让学生展开辩论。最后，老师小结点评：绘画讲究留白，不能面面俱到；文学讲究想象，可以天马行空。接着思考和讨论第二个问题：请从层次的角度，对比分析《独立寒秋图》与《沁园春·长沙》各自的优劣。同样让学生分派辩论，最后，老师小结点评：绘画鲜明夺目，没有动态效果；文学丰富多样，不够强烈直观。由此可见，绘画和文学各有优势，又各有不足，在艺术表现上可以形成互补。

4. 知人论世，感悟情志

在“知人论世，感悟情志”环节中，我设计了一个连线题，连线的内容包括写作背景或作者经历、原文词句、思想感情三个部分。通过分析三者之间的内在关系，让学生从史料、文字、情感三个方面去感悟作者的爱国精神、革命情怀，指导学生掌握知人论世的鉴赏方法，以此来达成语文核心素养中培养思维发展与提升能力的目标。

5. 以史观今，传承文化

“以史观今，传承文化”环节属于拓展提升环节。《沁园春·长沙》这首词除了宏伟壮阔的画面、深沉激烈的情感外，还蕴含了许多正能量的价值观。这里采用自由发言的形式，让学生试着从文本中发掘正能量的人生价值观，如爱国、自由、平等等，引导学生树立正确的世界观、人生观、价值观，从而达成语文核心素养中培养文化传承与理解能力的目标。

六、预设问题

（1）请从内容的角度，对比分析《独立寒秋图》与《沁园春·长沙》各自的优劣。

（2）请从层次的角度，对比分析《独立寒秋图》与《沁园春·长沙》各自的优劣。

（3）请思考史料、文字、情感三者有什么内在的联系，并将三者用线条连接起来。

（4）词中除了“爱国”的价值观外，还有其他的价值观吗？请结合文本进行分析。

七、预设问题讲解概要

（1）内容就是画中画了什么景物？词中写了什么景物？《独立寒秋图》中有独立的词人、红色的树林、巍峨的山峰、白色的江水、零星的帆船，但没有漫江碧透、百舸争流、鹰击长空、鱼翔浅底的内容，也展示不出万类霜天竞自由的雄壮。所以绘画讲究留白，不能面面俱到；文学讲究想象，可以天马行空。

（2）层次就是画中怎样来安排景物的空间位置，词中按照怎样的顺序、角度来描写景物。绘画中，景物有大有小，颜色有深有浅，内容有虚有实。而词中景物有远近高低的变化，有树红江绿的区别，有宏观微观的组合。所以绘画鲜明夺目，没有动态效果；文学丰富多样，不够强烈直观。

（3）史料是背景，文字是凝练，情感是内涵。在特定的时代环境下，结合作者的个人经历，作者将时代的特征、国家的情感、民族的命运融入词中。正因为这首词有鲜明的时代特征，又有强烈的家国情怀、丰富的内涵、深沉的情感，才让这首词得以深入人心，代代相传，成为中华文化的精华。

（4）词中除了“爱国”的价值观外，还有“自由、平等”的价值观。上阕写景，视野开阔，意象丰富，一句“万类霜天竞自由”，不仅是世间万物生机勃勃，畅享自由的和谐画面，也尽显作者追求“自由”的强烈愿望。而下阕一句“粪土当年万户侯”，不仅是对军阀、反动统治者的蔑视，也是“王侯将相宁有种乎？”“人人生而平等”的反映。

附：

毛泽东词两首

沁园春

长 沙

独立寒秋，湘江北去，橘子洲头。看万山红遍，层林尽染；漫江碧透，百舸争流。鹰击长空，鱼翔浅底，万类霜天竞自由。怅寥廓，问苍茫大地，谁主沉浮？

携来百侣曾游，忆往昔峥嵘岁月稠。恰同学少年，风华正茂；书生意气，挥斥方遒。指点江山，激扬文字，粪土当年万户侯。曾记否，到中流击水，浪遏飞舟？

忆秦峨

娄山关

西风烈，长空雁叫霜晨月。霜晨月，马蹄声碎，喇叭声咽。

雄关漫道真如铁，而今迈步从头越。从头越，苍山如海，残阳如血。

《沁园春·长沙》教学感悟

《沁园春·长沙》从创作年代方面考虑是一首现代诗，高中语文把它放到现代诗歌单元。但是《沁园春·长沙》是古体词的格律，这首词的场景和意象，特别是色彩的搭配、视角的变换，这些诗歌技法值得学习，不过，作者是大政治家、开国领袖，其气魄风度决定了这首词最重要的并不是艺术技巧，而是藏在大手笔后的“书生意气”。

在这首词里，“书生意气”代表了知识分子修身、齐家、治国、平天下的社会责任感和崇高的人生理想，以及忠诚、正直、热忱、善良等高贵品质。结合伟人创作这首诗的背景，可以很好地去体会本诗中的“书生意气”。词的开头“独立寒秋，湘江北去”，意思是，寒秋时节一个人站在橘子洲头望着湘江北去，但是放到词中，橘子洲头被搁在了最后，原因是为了突出更为重要的一对形象，首先是人，其次是江，而人与江的对比，意境开阔，就是为了表现其历久弥新的书生意气，所以从开篇就可以读出全词的灵魂，就是“书生意气”四个字。上阕铺叙部分主要是景物描写。山、林、江、船，由远及近，视野开阔，动静结合。强烈的色彩对比，极强的层次感展现，写眼前景，也写心中情，壮丽的自然景观，词中表现出强烈的画面感，自然就烘托出了伟人心中奔涌着的豪情壮志。“怅寥廓”一个“怅”字，既是对上文的概括，也引起了下文的问。作者对苍茫大地发出了询问：谁来主宰这世界呢？面对辽阔的宇宙，感到了几许彷徨，这里可能的确藏着一点失意，因为之前我们也了解到作者此时的处境，不过面对浩渺的大地，能够发出“谁主沉浮”这样惊天动地的询问，这样的气魄，这样的风度，足以把方才的一点点失意，一点点彷徨扫得干干净净。无论遭遇多少挫折，经历多少打击，匡扶社稷的信念永远不灭，这种九死未悔、万死不辞的勇力，正是一个以天下为己任的知识分子永不褪色的书生意气。下阕一个“携”字，回忆之前伟人在此读书期间的情形，书生意气就更明显了。这些风华正茂的少年英雄，他们眼见过怎样的世事剧变，耳听过怎样的时代巨响，他们的书生意气是如此奔放有力，充塞于天地间的。

在语文教学中结合学生的生活实际更容易让学生接受和理解教学内容。当前，教育提出“立德树人”，如何把这一教育思想贯彻到实际的教学中，具体到毛泽东的《沁园春·长沙》体现这一思想。就是要让学生做出实际行动体现爱国之心，从而提高社会参与意识。《沁园春·长沙》教学中讲述毛泽东的学习生活：毛泽东平时喜欢看书看报，他几乎把生活费都花在书籍和报纸上，从书报中又提高了自身的修养，能写出这样的诗篇，能在今后的事业中有那么大的作为，和他“恰同学少年”时的行动是分不开的。不同时代的学生都有相似之处，通过这首词，可以让他们更好地理解“恰同学少年”应该树立怎么样的“书生意气”，如何去度过“风华正茂”的青年时代。

《雨巷》教学设计

一、教材内容

粤教版高中语文必修2第二单元第7课。

二、教学目标

1. 语言建构与运用

通过多次诵读和对比阅读，品读诗之韵律，感受其音乐美。（教学难点）

2. 思维发展与提升

（1）解读诗歌意象及象征意味。（教学重点）

（2）对情感的多元化解读。（教学重点）

（3）探究现代诗的鉴赏方法。

3. 审美鉴赏与创造

通过联想与想象，感受诗歌的诗意氛围，并能外化为语言文字形态。（教学难点）

4. 文化传承与理解

理解“雨巷情结”中的忧郁意识与儒家诗教传统的沟通。

三、教学目标确定依据

1. 本文的特点

（1）作为现代唯美诗的经典范本，《雨巷》让我们享受到一种蕴藉风流的诗意之美和婉转悦耳的音乐之美，有利于培养学生的审美能力。

（2）丰富的意象、独特的意境、多元解读的情感，有利于培养学生的自主探究能力。

2. 学生的基础和已有的认知能力

高一的学生在现代诗的阅读上并不会很困难，但想象力匮乏，并且对许多诗文的艺术手法和鉴赏技巧总是一知半解，需要教师正确引导和点拨。

3. 课标要求

《普通高中语文课程标准（2017年版）》指出："学生通过阅读与鉴赏、表达与交流、梳理与探究等语文学习活动，在语言建构与运用、思维发展与提升、审美鉴赏与创造、文化传承与理解几个方面都获得进一步的发展。"

四、教学活动具体安排

1. 课前预习

（1）我们要求学生在课前自读诗歌，疏通字音、词意。

（2）提供一首改写的诗歌，初步感受，对比阅读，培养学生自主阅读的能力。

2. 自然导入 初步诵读 整体感知

（1）创设意境导入。

（2）学生读。提出三点要求：读准字音，读清句子，能初步传情达意。师生共同点评学生朗诵情况。

（3）教师范读。要求学生聆听后把握基调。

3. 合作探究 联想想象 品味鉴赏

（1）学生默读，布置思考问题。

（2）分学习小组进行讨论，在小组内交换见解。

（3）各小组派一名代表发言。

此环节教师注重点拨，赏析任何一点，都要突出"读"。

合作探究问题：

（1）诗中哪些意象给你留下了深刻的印象？

（2）诗中的"丁香一样的姑娘"是怎样的形象？引发了你怎样的联想与想象？

（3）诗人为什么会如此孤寂与忧伤？（主题）

（4）结合课前对比材料，感受诗歌能否做出如此改动。

4. 课堂小结 外化拓展

（1）学生归纳鉴赏收获，总结现代诗的鉴赏方法。

（2）学生聆听名家诵读，领悟诗中蕴含的情感。

（3）布置作业，以“邂逅雨巷”为题，将本诗改写为一篇散文。

预设问题：在第三个环节（合作探究）引导学生把握各个意象特点之后，引导学生联想和想象，并请男同学站在“丁香先生”的角色上，女同学站在“丁香姑娘”的角色上，写一段你想象中的美丽的雨巷邂逅的场景。

五、预设问题讲解概要

（1）找：请同学们在诗文中找出描写“丁香姑娘”的词汇或语句。

（2）拼：在记忆深处寻找相似的场景，拼设出一幅幅的画面。

（3）连：用蒙太奇的手法将这些画面连缀起来，形成一个连续的片段。

（4）写：结合诗文的意境，加入一些外貌、肖像、动作、心理、环境、景物等的描写。使用第一人称，男同学要站在“丁香先生”的角色上来写，女同学要站在“丁香姑娘”的角色上来写。

附：

雨 巷①

戴望舒

撑着油纸伞，独自
彷徨在悠长、悠长
又寂寥的雨巷
我希望逢着
一个丁香一样地
结着愁怨的姑娘。

① 选自《戴望舒诗集》（四川人民出版社，1981年版）。戴望舒（1905—1950），浙江杭州人，现代诗人。著有《我的记忆》《望舒草》《灾难的岁月》等。

她是有
丁香一样的颜色，
丁香一样的芬芳，
丁香一样的忧愁，
在雨中哀怨，
哀怨又彷徨；

她彷徨在这寂寥的雨巷
撑着油纸伞
像我一样
像我一样地
默默彳亍[①]着
冷漠，凄清，又惆怅。

她静默地走近
走近，又投出
太息一般的眼光，
她飘过
像梦一般地，
像梦一般地凄婉迷茫。

像梦中飘过
一枝丁香地，
我身旁飘过这女郎；
她静默地远了，远了，
到了颓圮的篱墙，
走尽这雨巷。

①〔彳亍（chì chù）〕慢慢走，走走停停。

在雨的哀曲里，
消了她的颜色，
散了她的芬芳，
消散了，甚至她的
太息般的眼光，
丁香般的惆怅。

撑着油纸伞，独自
彷徨在悠长、悠长
又寂寥的雨巷，
我希望飘过
一个丁香一样地
结着愁怨的姑娘。

《雨巷》深层主题的解读

——丁香花开迸出主题之火

《雨巷》的课堂教学实践中，仅从诗歌的形式和朦胧的特点上去分析，这样的教学内容不利于学生语文操作能力和语文情感的养成，我们应该充分利用课堂，有效地塑造学生的语文动机、态度和价值观念。只有新颖、饱满、有一定挑战性和有布局的知识，才能尽可能满足学生的好奇心和求知欲望，激起学生的学习兴趣，维持学生的学习动力，为他们的语文操作能力和语文情感的养成提供充分的精神食粮。

例如，从诗歌的思想内容上去分析，让学生去理解诗歌更深层次的思想内容，将更有利于培养学生对文学作品的解读能力。

《雨巷》这首诗，从字面理解，是一首爱情诗，但是我们要引导学生从字面看到深层的象征意义—诗歌深层次的含义—丁香一样的姑娘象征着诗人对理想、人生和美好事物的信念和追求。

学生读完后的第一感觉是，这是一首写暗恋或者说单相思的爱情诗。丁香一样的姑娘很像青春年少的我们偷偷喜欢的隔壁班的那个女生，雨巷多么像教学楼的那条长长的走廊，或者是家旁边的那条狭长的小巷，那忧郁的江南和我们青春年少时挥之不去的、对异性的、朦胧的情愫是如此相似。

但是，这却不是一首爱情诗。文学作品更多地采用委婉、曲尽其妙的方式表达作家的情感和思想。诗歌和诗人那时的社会、政治生活环境及个人境遇密切相关。因为在某个特殊时期或某种特定的情绪下，利用一种具象的东西委婉地、曲尽其妙地表情达意可能会更有意味。就像《近试上张水部》：“洞房昨夜停红烛，待晓堂前拜舅姑。妆罢低声问夫婿，画眉深浅入时无？”表面看上是写新婚夫妇的恩爱，而实际上它是唐代诗人朱庆馀在应进士科举前所作的呈现给诗人、水部员外郎张籍的行卷诗。此诗以新妇自比，以新郎比张籍，以公婆比主考官，借以征求张籍的意见。全诗以“入时无”三字为灵魂，将自己能否踏上仕途与新妇紧张不安的心绪作比，它要表达的意思和新婚夫妇的恩爱没有丝毫的关系。诗歌往往言此及彼，强调其他意义的暗示。

从字面上理解，这个学生都能读出来。可是，如何引导学生进行深层次的思考，这个过程在教学中是重点，也是难点。首先让学生从字面上理解诗歌，然后引导学生对诗歌进行深入的解读，读出诗歌的深度。除了这首诗歌之外，还应该给学生介绍更多有此类象征意味的文学作品，使学生有更多的认识。比如《近试上张水部》传统诗词中美人的意象，《离骚》中香草美人的象征意义，还可以深入到更多的小说、散文、诗歌中去阅读，从而提高学生鉴赏文学作品的能力，让学生学会举一反三、触类旁通的学习方法，这样的课堂才更有深度，更加高效。